U0916503

国学梯级公开课

1

摩罗 × 杨帆
编著

江苏凤凰文艺出版社
JIANGSU PHOENIX LITERATURE AND ART PUBLISHING, LTD

图书在版编目（CIP）数据

国学梯级公开课. 1 / 摩罗，杨帆编著. — 南京：江苏凤凰文艺出版社，2019.6

ISBN 978-7-5594-3289-6

Ⅰ. ①国… Ⅱ. ①摩… ②杨… Ⅲ. ①国学 - 通俗读物 Ⅳ. ①Z126-49

中国版本图书馆CIP数据核字(2019)第019730号

书　　名	国学梯级公开课 1
编　　著	摩　罗　杨　帆
责任编辑	孙金荣
特约编辑	麦文想
责任校对	孔智敏
封面设计	金牘文化 · 车球
出版发行	江苏凤凰文艺出版社
出版社地址	南京市中央路165号，邮编：210009
出版社网址	http://www.jswenyi.com
印　　刷	三河市金元印装有限公司
开　　本	880毫米×1230毫米 1/32
印　　张	8
字　　数	165千字
版　　次	2019年6月第1版 2019年6月第1次印刷
标准书号	ISBN 978-7-5594-3289-6
定　　价	38.00元

《国学梯级公开课》
编辑思路和学习建议

一、总目标

《国学梯级公开课》(全称《国学梯级公开课：经史子集分梯分级文言文教材》)，是一部学习文言文和传统文化经典的教材。传统文化的主要经典，均以文言文形式书写。不学习文言文，就无法学习传统经典；只要学习传统经典，就一定是在学习文言文。

文言文是古代书面语，与今天流行的白话文书面语，差异很大。从夏商到清末民初，文言文经过几千年的发展和流变。传承至今的文献，其难易程度也差异很大。学习文言文必须经历从易到难的过程，一步步拾级而上，最后阅读任何古代文献都不会有语言障碍。

前几年，我们应邀在经崖书院给初中孩子讲古文，以《古文观止》为教材。教学中渐渐意识到，《古文观止》对今天的习者来说，尚有一些不适合之处。比如，其选文集中于儒家一脉，对其他各家各派基本不拣选。至于那些集中体现华夏先民宇宙观、世界观、人生观的思想性、哲学性作品，似乎视而不见。此外，它具有较多文人趣味，常常沉溺于游山玩水、吟风弄月。要想系统地学习传统文化，就得开掘更广阔的教学资源，就得有更加中正精良的教材。

《国学梯级公开课》，即顺应习者此一需求而编撰。其编辑思路、选文标准，都体现了从低到高、由易而难的特点。只要按照要求认真学习，学完第一级，习者的文言文水平就可达到第一级。以此类推。

《国学梯级公开课》，共分3梯18级。以初中文化程度为起点，学完18级，可以较为方便地阅读各个历史时期的经典。

3梯为：及门梯、登堂梯、入室梯。每梯各有6级，每级1册，共有18册。

概括起来，本书有如下6个特征：

1. 语言性：文言文教材。

2. 文化性：传统文化教材。

3. 经典性：传统经典教材。

4. 故事性：魅力教材。

5. 写作性：写作教材。

6. 梯级性：拾级而上教材。

二、各梯级目标

一般古文选本，都是从远古到近代编选，《国学梯级公开课》则是从近代到远古的逆行编法，由易而难，层层推进。

及门梯 1—6 级，除经部外，重点编选元明清时期文章。认真学完及门梯 6 级教材，可以较好地阅读元明清时期的散文、游记、小说、书信、政论、奏折、史书等。

登堂梯 7—12 级，除经部外，重点编选魏晋唐宋时期文章。认真学完登堂梯 6 级教材，可以较轻松地阅读唐宋的作品，借助简单注释就能看懂魏晋的作品。

入室梯 13—18 级，重点编选《尚书》及秦汉文章。认真学完入室梯 6 级教材，可以较轻松地阅读秦汉时期作品，借助简单注释就能读通先秦文献。

这 3 梯 18 级，习者不但学习语言，也学习大量文化知识和历史知识，能由此深入传统文化堂奥，洞悉传统文化真髓。

三、选文特点

经、史、子、集，是中国古人对浩瀚文献的分类方法，名曰四部。《国学梯级公开课》按照古人的分类方法（但也有所变通），引导习者一步步进入古人创造的传统文化堂奥，是最好的捷径。本编每级教材都按集、经、史、子顺序排列。因为集部文献浅易生动，习者容易进入。

集部

《国学梯级公开课》把今天所谓文学作品，诸如散文、小说，都归入集部。3 梯 18 级的集部连缀起来，也可以看作是一部由近及远、逆向编选的简单文学选本。

经部

《国学阶梯公开课》按照唐宋形成的“十三经”体系，从中节选合适的篇章作为经部课文。“十三经”在语言上的难易程度，差别甚大。本编基本上按照从易到难原则编选。

史部

史部选文最为特殊，每级5篇课文，其中3篇《史记》故事选段，1篇《资治通鉴》故事选段，1篇其他文章。先秦典籍都是经过汉代整理然后流传，故可说华夏书面语到汉代才最后成熟和定型。《史记》正好是汉代最辉煌的作品，代表了汉语的成熟与定型。学好了《史记》，也就学好了古代汉语。

子部

先秦的诸子百家，汉以后凡是著书立说，阐发天地大道、人生奥义和治国谋略的著述，都归入子部。

四、课文模式

《国学梯级公开课》每级一册，每册20课，经、史、子、集各5课。每课以主课文为核心，加以注释、解读与阐发。每课由9项内容组成。现将其中主要板块的特点介绍如下。

【人物故事】介绍课文作者，或课文中提到的重要人物。介绍时常常带出该人物主要经历、思想、成就和历史影响。

【主课文】这是全书的核心。学习这些课文，就是触摸中国传统文化。

【参考译文】希望习者尽量不看译文，仅在对原文意旨拿不准时，查阅译文作为参考。

【赏析与写作指导】赏析是对文章特别精彩之处予以解读，以深化习者对课文的理解。如果阅读每一篇经典时，都能有意识地体会其感情态度、篇章结构、语言艺术，我们的写作水平一定会逐步提高。

【延伸知识】延伸知识大多是介绍与主课文内容直接或间接相关的文化知识。

【副课文】增加副课文，主要是为了扩大习者的文言文阅读量。学习一种语言，阅读量越大，进步就越快。多年以来，中学语文教材中的文言文课文，每学期两个单元大约6课，平均每课约400字，一学期2000多字，初高中12个学期才学不到3万字，频率如此低，阅读量如此小，所以高中毕业之后，基本上没有阅读文言文的能力。

【思考与训练】思考题一般都是引导读者在主课文或副课文内容的激发下，展开人文思考。训练题主要是将文言文翻译为白话文的练习。

《国学梯级公开课》，平均每课（主课文加副课文）有文言文原典1000—2000字，18册共有文言文原典约54万字，是中学教材中文言文原典的19倍。有了这样的学习频率、强度和阅读量，才能真正具备文言文阅读能力。

五、学习建议

【习者范围】这是一套在课堂上讲出来的文言文读本，特别接地气。初中生可在老师辅导下学习此书，高中生、大学生和上班族可独立自学此书。

【学习频率】无论上学族还是上班族，学习和工作压力不大者，可以每周学习两课，压力较大者，可以每周学习一课。如果利用假期集中学习，则可每天学习一课。

【学习核心】背诵主课文，阅读副课文及其所属的书。学习语言，最好的方式就是背诵和广泛阅读。

【诵读与背诵】阅读能得文章之故事与观点，诵读能得文章之深旨和神韵，背诵则能终身受益于文章之义理与力量。诵读和背诵，尤其适合自学文言文经典者。

摩罗　杨帆

序　言

《国学梯级公开课》本着低处起步、循序渐进原则，第一级集部、子部选文都比较简易，主要选编清末及民初的文章。这个时期的文章也有难有易，本级尽量向易而行。这样做是为了让习者一接触《国学梯级公开课》就能顺利进入，不至于被文言文的高门槛挡住。

梁启超、康有为、林则徐、纪晓岚、曾国藩、刘大櫆等，都是如雷贯耳、影响深远的大人物，他们身上承载着中国近代史和中国文化的丰富信息，由他们进入《国学梯级公开课》，或许颇能激发习者的文化热情和探究心。

《三国演义》是中国人必读书，特选刘备劝诸葛亮出山，共襄兴汉大业一段，用以提示习者，读名著不要光是读故事，还要细心体会文本建构的博大世界，以及人物丰富的内心世界。书中的每个细节，乃至每个句子，都要细嚼慢咽，以便获取最丰富的营养。“备不量力，欲伸大义于天下”“先生不出，如苍生何”——这样的话，如不好好咀嚼一番，那就等于白白错过精神美食。

经部是书中难点，基本上是先秦作品，语言跟今天相距较远。编选时，语言和理论命题都尽量采取从易到难的顺序。《论语》《孟子》在经中都是难度较小的,《春秋》则尽量采用《左传》故事。所选《论语》文字，没有按照原著的编排顺序，而是由编者按照该课主题之需重新编选的。

史部始终以《史记》选文为主，因为这部通史著作浓缩了中华3000年文明史的精华，对于我们学习语言、学习历史、学习中国文化精神和华夏道统，它都是取之不尽、用之不竭的宝库。《史记》之外的选文，则力求语言简易。

尚需隆重交代的，是副课文。语言不是知识而是习得的能力，文言文也一样。学习文言文，捷径就是广泛阅读。仅读《国学梯级公开课》主课文还不够，加上副课文也不够。本书编选副课文，在讲究语言简易之外，特别注重故事性和励志性，目的是诱导习者进一步阅读副课文所属的那些书。所以，希望本书习者，一定要找来《曾国藩家书》和陈其元《庸闲斋笔记》读读。这两本书一定会让你受益甚多。另外，梁启超《变法通议》《戊戌政变记》二书，比前二书语言更为浅易，可以作为走向《曾国藩家书》《庸闲斋笔记》的桥梁。

最后提示习者一句：主课文你每天诵读了吗？背熟了吗？

目录

 集 部

贰 经部

叁 史部

肆 子部

集部

第一课 狐女人心

〔清〕纪晓岚

纪晓岚久历官场，对人间冷暖、世态炎凉均感触极深。晚年倾心写作《阅微草堂笔记》，常借妖狐鬼怪渲染脉脉温情，可说是对人间社会的讽刺，亦可说是期待与劝谕。

人物故事

纪晓岚（1724—1805）：名昀，字晓岚，一字春帆，晚号石云，道号观弈道人。直隶献县（今属河北沧州市）人。清代政治家、文学家。历官左都御史、礼部尚书、协办大学士加太子太保等。曾任《四库全书》总纂修官。卒后谥文达，乡里世称文达公。工诗及骈文，长于考证训诂之学。晚年所作《阅微草堂笔记》，是清代极具影响的笔记小说。

主课文

冯平宇言：有张四喜者，家贫佣作。流转至万全山中，遇翁媪留治圃[1]。爱其勤苦，以女赘[2]之。越数岁，翁媪[3]言往塞外省长女，四喜亦挈妇他适。

久而渐觉其为狐，耻与异类偶，伺其独立，潜弯弧射之，中左股。狐女以手拔矢，一跃直至四喜前，持矢数之曰："君太负心，殊使人恨！虽然，他狐媚人，苟且野合耳。我则父母所命，以礼结婚，有夫妇之义焉。三纲所系，不敢仇君；君既见弃，亦不敢强住聒[4]君。"握四喜之手痛哭，逾数刻，乃蹶[5]然逝。

四喜归，越数载，病死，无棺以敛。狐女忽自外哭入，拜谒姑舅，具述始末，且曰："儿未嫁，故敢来也。"其母感之，詈[6]四喜无良。狐女俯不语。邻妇不平，亦助之詈。狐女瞋视曰："父母詈儿，无不可者。汝奈何对人之妇，詈人之夫！"振衣竟出，莫知所往。

去后，于四喜尸旁得白金五两，因得成葬。后四喜父母贫困，往往于盎[7]中篋[8]内无意得钱米，盖亦狐女所致也。皆谓此狐非惟形化人，心亦化人矣。或又谓狐虽知礼，不至此，殆平宇故撰此事，以愧人之不如者。姚安公曰："平宇虽村叟，而立心笃实，平生无一字虚妄。与之谈，讷讷不出口，非能造作语言者也。"

卢观察發（bá）吉言，茌平[9]有夫妇相继死，遗一子，甫[10]周岁。兄嫂咸不顾恤，饿将死。忽少妇排门入，抱儿于怀，詈其兄嫂曰："尔弟夫妇尸骨未寒，汝等何忍心至此，不如以儿付我，犹可觅一生活处也"。挈[11]儿竟出，莫知所终。邻里咸目睹之，有知其事者曰："其弟在日，常昵一狐女。竟或不忘旧情，来视遗孤乎？”是亦张四喜妇之亚也。

（选自《阅微草堂笔记·槐西杂志二》）

注释

［1］圃（pǔ）：种植菜蔬、草木的园子。

［2］赘（zhuì）：招女婿。男性上门就婚于女家或改为女家姓称为“赘婿”。对男家来说，出去当赘婿称为“出赘”。对女家来说，招女婿称为“招赘”。

［3］妪（yù）：年老妇人。

［4］聒（guō）：絮絮叨叨使人心烦。

［5］蹶（juě）：尥蹶子 liào juě zi，狐、狼、马等用后腿向后踢。

［6］詈（lì）：责骂。

［7］盎（àng）：古代盆类器皿，腹大口小。

［8］箧（qiè）：古代箱类器物。

［9］茌（chí）平：县名，位于今山东省内。

［10］甫（fǔ）：刚刚。

［11］挈（qiè）：抱、提、牵。

参考译文

冯平宇告诉我说：有个人名叫张四喜，家贫，打工为生。流转到万全山中，被一对老夫妇收留，为其料理菜园。老夫妇爱其勤劳肯吃苦，就把女儿嫁给他，招他入赘。几年后，老夫妇说要去塞外看望大女儿，四喜也带着妻子离开。

时间久了，张四喜逐渐发现妻子是个狐狸精，感到与异类为配偶很羞耻，趁她单独站在某处，偷偷地弯弓，射中其左腿。狐女拔出箭，跳到四喜面前，用箭指着他说：“你太无情了，让人十分痛恨。尽管这样，别的狐狸媚人，都是苟且野合的。我则是受父母之命，依礼成婚的，咱们有夫妇之义。因受三纲约束，不愿复仇；你既然嫌弃我，我也不愿纠缠不休，招你讨厌。”说完抓住四喜的手痛哭，过了一会儿，后腿痛苦蹶地，然后就不见了。

四喜回到家中，几年后生病辞世，穷得无钱殓葬。忽然，狐女从外面哭到家中，拜见公婆，详细诉说婚姻经历。又说：“媳妇未再嫁，所以敢来探望。”四喜的母亲非常感动，痛骂四喜没有良心。狐女俯首不语。有一个邻妇感到不平，也跟着骂四喜。狐女很不高兴地对她说：“父母骂儿子，没什么不可以的。你怎能当着我的面，骂我的丈夫！”怒冲冲地拂衣就走，不知去向。

狐女去后，四喜遗体旁边出现白金五两，正好用作葬资。后来四喜父母一直贫困，常常在箱子或盆盎中意外发现钱米，大约也是狐女所施。听者都说狐女不但身形化为人，心灵也已化作人了。有人又说，狐精即使知礼，恐怕到不了这种地步，很可能是平宇故意编造一个故事，用来羞辱那些连狐女都不如的人。姚安公说：“平宇是个乡下老汉，心性朴实、忠厚，平生不说虚妄话。跟他交谈他出言迟钝，不是能编造故事的人啊。”

观察使卢登吉说：茌平县有对夫妇相继辞世，遗下一孩子，刚满周岁。死者的兄嫂都不怜恤，不管不顾，孩子快要被饿死了。忽然一位少妇推门而入，把小孩抱在怀里，骂死者的兄嫂说：“你们弟弟夫妇的尸骨未寒，你们竟然如此狠心！不如把孩子交给我，还可为他找到一条活路。”她抱着孩子离开，不知所向。邻里们全都目睹此事。有知情者说：“他弟弟在世时，时常和一个狐女交往。估计那狐女不忘旧情，特来照料孤儿吧？”这位狐女同张四喜的妻子很相似。

赏析与写作指导

以狐谕世

文中两狐女，善良、温婉、守礼、多情。张四喜妻子不怀旧怨，甚有胸怀。虽被张四喜抛弃，可在他死后，狐女还是到场送丧。当邻人数落张四喜抛妻之罪时，她却站起来维护前夫，对邻人说：“汝奈何对人之妇，詈人之夫！”她作法送来金钱，解决安葬前夫费用问题。后来一直为张四喜父母提供生活保障。

中国古代文学素有寓言劝世传统。本文即是以狐女品性德行，倡导人间温情。世人以“心亦化人”称赞狐女，作者则巧妙点出，他塑造一个“有仁有义有温情”的狐女形象，目的在于“以愧人之不如者”。

《阅微草堂笔记》写了1000多个各自独立的小故事，其主题只有一个，那就是劝人守礼为善。

延伸知识

古代笔记可有大学问

中国古代文人，写作了大量笔记。明清两代，写笔记成为文人时尚。曾国藩在京为官时，曾规定自己每天必须记录茶余偶谈一则。这些文人谈资积累起来，就成了《阅微草堂笔记》《庸闲斋笔记》等鸿篇巨制。这些笔记作品给我们留下了极为丰富的文化资源。

所谓笔记，就是随手记下的经历、故事、感想、传闻等，强调的是其随意性，与斟酌推敲、语不惊人死不休的诗词歌赋创作形成对比。在长期的发展实践中，笔记逐渐形成了它源远流长的传统，千古流芳的作品层出不穷。

像刘义庆《世说新语》、陈其元《庸闲斋笔记》、梁恭辰《北东园笔录》、顾张思《土风录》、清佚名《咸同将相录》、明佚名《国初礼贤录》、朱国祯《涌幢小品》等，都是很有史料价值的佳作。

有的笔记偏重于读书感悟与发现，如洪迈《容斋随笔》、顾炎武《日知录》、王夫之《读通鉴论》、王念孙《读书杂志》等，都是研究性、感想性笔记，很有学术价值和思想价值。

还有一类创作性的笔记，像纪晓岚《阅微草堂笔记》、蒲松龄《聊斋志异》、袁枚《子不语》等，虽然写作者常常强调笔记作品的随意性，实际上每个笔记作者都不是随意为之，而是带着抒发感慨、讽喻世情、滋润人心的强大动力，苦心经营之。所以，大多数笔记都可以当作劝世寓言、醒世警言来读。

笔记的地位不如经史那么高，名气自然也小一些，但其内涵和文化价值是值得重视的。大多数笔记都内容丰富，文笔朴实，生僻字少，句法单纯。对初学文言文的人来说，多读笔记，是轻松提高阅读能力的好办法。

这里特向习者推荐陈其元《庸闲斋笔记》、梁恭辰《北东园笔录》、清佚名《咸同将相录》、明佚名《国初礼贤录》、纪晓岚《阅微草堂笔记》、袁枚《子不语》等，这几种笔记作品，语言最浅易，文笔也很好，读起来很有趣。

副课文

纪晓岚上朝靴筒失火

河间纪文达（晓岚）公，酷嗜淡巴菰（gū），顷刻不能离，其烟房（烟袋）最大，人呼为“纪大烟袋”。

一日当直，正吸烟，忽闻召见，亟将烟袋插入靴筒中。趋入，奏对良久，火炽于袜，痛甚，不觉呜咽流涕。上惊问之，则对曰：“臣靴筒内走水。”盖北人谓失火为“走水”也。乃急挥之出，比至门外脱靴，则烟焰蓬勃，肌肤焦灼矣。

先是，公行路甚疾，南昌彭文勤相国戏呼为“神行太保”，比遭此厄，不良于行者累日，相国又嘲之为“李铁拐”云。

——〔清〕陈其元《庸闲斋笔记·卷五》

思考与训练

1. 文中“三纲所系，不敢仇君”是何意？“三纲”指什么？

2. “兄嫂咸不顾恤”与狐女“来视遗孤”，作者基于什么样的现实感受，才会这样安排情节？

思考与训练

3. 请用现代汉语翻译副课文《纪晓岚上朝靴筒失火》中这句话:“一日当直，正吸烟，忽闻召见，亟将烟袋插入靴筒中。趋入，奏对良久，火炽于袜，痛甚，不觉呜咽流涕。”

第二课 好禽谏

〔明〕刘伯温

题解

好禽，就是爱好禽兽。课文主要内容是大臣宁庄子批评卫懿公这种与国君身份不符合的爱好，故名《好禽谏》。

人物故事

刘伯温（1311—1375）：名基，字伯温，处州青田县南田乡（今属浙江温州市文成县）人，故称刘青田。洪武三年（1370）封诚意伯，故又称刘诚意。武宗正德九年（1514）追赠太师，谥号文成，后人称他刘文成、文成公。元末明初军事家、政治家、文学家，明朝开国元勋。博通经史，时人誉为“诸葛亮”。元至正十九年（1359），朱元璋礼聘刘基及宋濂等名人入幕。刘奏请立法定制，以止滥杀。朱元璋即帝位后，他奏请设立军卫法，肃正纲纪。均得朱元璋采纳。刘伯温精通天文、兵法、数理等，诗文古朴雄放，不乏抨击时弊、同情民瘼之作。《郁离子》写于元朝末期，多以寓言形式讽喻朝政腐败，纲纪倾圮。他还是民间传说中的预言大师，至今常有人以其《推背图》为名推测世事。有《诚意伯文集》传世。

卫懿公（？—前660）：姬姓，卫氏，名赤，卫惠公之子，春秋时期卫国第18任国君，前668—前660年在位。卫懿公继位后，奢侈淫乐，喜好养鹤和各种禽兽，给禽兽封官赐禄。前660年，赤狄攻打卫国，卫懿公兵败被杀。

主课文

卫懿公好禽，见觝牛[1]而悦之，禄其牧人如中士[2]。宁子[3]谏曰："不可。牛之用在耕，不在觝。觝其牛，耕必废。耕，国之本也，其可废乎？臣闻之，君人者[4]不以欲妨民。"弗听。

于是卫牛之觝者，贾[5]十倍于耕牛。牧牛者皆释耕[6]而教觝，农官弗能禁。

邶有马[7]，生驹[8]不能走[9]而善鸣，公又悦而纳诸厩。宁子曰："是妖也，君不寤[10]，国必亡。夫马，齐力[11]者也，鸣，非其事也。邦君为天牧民，设官分职，以任其事。废事失职，厥[12]有常刑。非事之事，君不举焉[13]，杜其源也。妖之兴也，人实召之。自今以往，卫国必多不耕之夫，不织之妇矣。君必悔之。"又弗听。

明年，狄[14]伐卫，卫侯[15]将登车，而御失其辔[16]；将战，士皆不能执弓矢，遂败于荥泽[17]，灭懿公。

（选自《郁离子·卷四》）

注释

［1］觝（dǐ）牛：擅长格斗的牛。觝同“牴”，意为相触、抵挡。

［2］中士：古代大夫和士各分为上、中、下三等，中士即士的中间等级，其地位高于农工商各界及下士。

［3］宁子：卫国大臣宁庄子。

［4］君人者：统治人民的国君。

［5］贾：价格。

［6］释耕：放弃用牛耕种土地。释，放弃。

［7］邶（bèi）有马：邶国有马。邶，古代诸侯国，在今河南汤阴县南。

［8］驹：两岁之内的小马。

［9］走：奔跑。

［10］寤（wù）：醒悟。

［11］齐力：敏捷有力。

［12］厥（jué）：句首发语词。

［13］非事之事，君不举焉：不应该做的事，国君不能提倡。举，兴办某事，引申为提倡、带头。

［14］狄（dí）：古代北方民族之名。

［15］卫侯：卫懿公。

［16］御失其辔（pèi）：车夫不会驾车，缰绳从手中掉落，因风气懈怠，平时缺乏训练也。御，车夫。辔，驾驭牲口的嚼子和缰绳。

[17] 荥泽：古泽名，在今河南省荥阳市境内。

参考译文

卫国国君懿公，喜欢蓄养禽兽。见到善斗的牛就喜欢，给牧牛者发放俸禄，和中士一个标准。宁庄子劝阻道："不能这样。牛的用途在耕种，不在格斗。鼓励斗牛，牛就不会用于耕种，耕地就必定荒废。耕种，才是立国之本啊，怎么能放弃呢？我听说，君王不能为了满足自己的欲望而妨碍民生。"懿公听不进去。

于是，卫国的斗牛，价格是耕牛的十倍。养牛者都放弃耕种而训练斗牛，农官无法遏止这种歪风。

邶地有一匹马，生个马驹不会奔跑，却善于嘶鸣。懿公又爱若宝贝而将它收养入厩。宁庄子说："这种东西有妖气啊。您若不醒悟，必将亡国。马是敏捷有力气的动物，嘶鸣不是它的用途。君王代替上天管理百姓，设官职分别管理各种事务。管理不善而渎职，用通常定下的刑法惩办之。不应该做的事，君王不能带头提倡，以从源头上杜绝歪风邪气啊。妖魔作乱，实乃人所招致。从今以后，卫国必将有很多不种田的农夫、不织布的妇女啊。君王您必将为这些行为后悔的。"懿公依然听不进去。

第二年，狄国攻打卫国。卫懿公刚要登车，想率军抵抗，车夫却无法驾驭军车，连马的缰绳都掉了；快开战时，兵将们无力操弓射箭，便在荥泽战败，懿公被杀。

赏析与写作指导

治国大才刘伯温

国家富强，必须以健康光明的精神风貌为基础；健康光明的精神风貌，是由统治集团提倡、教化、塑造而形成的。因为统治集团掌握着全国的政治经济资源，能够主导国家的走向和社会心理的发展。

早在战国时期，《墨子》就指出，国家如果希望出现一大批神箭手，可以让业已发现的神箭手得到富贵和荣誉，然后全国人民都会争着练习弯弓射箭，以便得到富贵和荣誉。（“譬若欲众其国之善射御之士者，必将富之贵之，敬之誉之，然后国之善射御之士，将可得而众也。”见《墨子·尚贤上》）这样就会涌现出大量神箭手，军队的军事水平和作战能力就会提高，国家就会坚不可摧。

如果国家统治集团都像卫懿公这样提笼架鸟、宠鸡斗牛，则全国各界人士都想通过养鸡养鸟、驯马驯牛的方式谋求恩宠、荣誉、富贵。这样发展下去，民心就会混乱，社会就会腐朽，国家就会不击自溃。无论是统治集团还是服务于统治集团的各界国民，都会堕入苦难深渊。所以，宁庄子敏锐地发现了问题，及时劝谏卫懿公改邪归正，可惜卫懿公听不进去。

比卫懿公更早的商纣王，一上台就迷恋象牙筷子。其叔父箕子是个圣人，马上劝谏说：“你今天迷恋象牙筷子，明天就一定要迷恋玉杯子；既然如此迷恋象牙玉石，就一定要想方设法利用权势把四海珍宝占为己有。车马宫室的奢侈豪华将会没有止境，国家的腐化堕落也必将从这里开始。”（“纣始为象箸，箕子叹曰：‘彼为象箸，必为玉杯；为杯，则必思远方珍怪之物而御之矣。舆马宫室之渐自此始，不可振也。’”见《史记·宋微子世家》）

从宁庄子和箕子的担忧，到商朝和卫国灭亡，再到墨子的总结，都给我们一个深刻的启示，一个国家统治集团的政治理想和趣味喜好，不仅主导着国家的精神风貌，也深刻影响着国家的存亡兴衰。

如果一个社会，努力生产产品者难以“富之贵之，敬之誉之”，炒房炒股、金融投机者却可大富大贵；致力于科学探索和治国大道探索者难以“富之贵之，敬之誉之”，影视明星却可大富大贵；这种不良风气，也就是“妖之兴也”，其中暗藏着大灾大难的信息，与“牧牛者皆释耕而教觗，农官弗能禁”同乎其类也。

“妖之兴也，人实召之。”作者一面揭示政治腐败（“卫懿公好禽，见觗牛而悦之”“郱有马，生驹不能走而善鸣，公又悦而纳诸厩”），悲叹社会崩溃（“牧牛者皆释耕而教觗，农官弗能禁。”“自今以往，卫国必多不耕之夫，不织之妇矣”“狄伐卫，卫侯将登车，而御失其辔；将战，士皆不能执弓矢，遂败于荥泽”），一面倾力塑造了一个忍辱负重、企图力挽狂澜的圣人形象。宁庄子反复给卫懿公讲治国大道，说了白说还要继续说(“君人者不以欲妨民”“非事之事，君不举焉，杜其源也”)，是个知其不可而为之的英雄。宁庄子的形象，让我们看到了人间的光明与希望。

刘伯温志同宁庄子，才齐管仲，是5000年华夏史上杰出的治国大才。他亲历元朝的衰败与崩溃，连宁庄子那样的进谏机会也没有。他隐居草庐，撰述往事寓言，阐发治国大道，以待后世君子明鉴。幸在被朱元璋慧眼识贤，擢为王佐，《郁离子》所述经世济民大策，终于有用武之地。他不但在明王朝建立前后立下殊勋，也为后人树立了铁肩担道义的榜样。

我们虽是平民百姓，也该认准“牛之用在耕，不在觗”的朴素道理，抵制歪风邪气。“致君尧舜上，再使风俗淳”（杜甫《奉赠韦左丞丈二十二韵》）。每个人都应该为社会进步承担一份责任，贡献一份正能量。

延伸知识

谋臣与宰相有何区别?

古代治国平天下，不仅需要杰出帝王，也需要杰出卿相和谋臣。中国的历史文献，对圣君、贤相、谋臣的描述与歌颂比比皆是。

帝王就不用说了，广受传颂的宰相就很多，比如伊尹、傅说、姜子牙、管仲、子产、百里奚、信陵君、萧何、曹参、诸葛亮、曹操、房玄龄、杜如晦、狄仁杰、赵普、王安石、张居正等。

以谋臣身份彪炳千秋者，也为数不少。战国末期，鲁仲连、虞卿、张仪、苏秦、屈原，都是重要谋臣，只是有得势不得势之别。刘邦身边的张良、叔孙通、娄敬、郦食其、陆贾，均高瞻远瞩、足智多谋，为打天下夺江山立下汗马功劳。

唐太宗李世民，在打天下的过程中，一直用心寻找文化上的标杆人物，往往打败一个割据势力，就将敌方主要文化人网罗到身边，逐步积累了一批人才，史称“十八学士”。他们是杜如晦、房玄龄、于志宁、苏世长、姚思廉、薛收、褚亮、陆德明、孔颖达、李玄道、李守素、虞世南、蔡允恭、颜相时、许敬宗、薛元敬、盖文达、苏勖。

李世民让十八学士分为三班，轮流在文学馆值班，每次六人，跟他一起研究先王之道，商讨治国之策。这些谋臣后来有不少晋升为宰相，对唐朝的兴盛繁荣，多有贡献。

朱元璋在打天下过程中，也非常重视罗致文人谋士。1360年，他打下浙东地区，听说那里有一批杰出文人，赶紧派人请他们出山。刘伯温、宋濂、叶琛、章溢应召入幕，均受非凡礼遇。其中叶琛在战争中殉职，其他三人都为朱元璋1368年建立政权，立下功勋。

刘伯温的作用尤其特殊。刘伯温首先劝朱元璋摆脱对韩林儿的依附，自立门户，招贤纳士，志在天下。朱元璋认可之。那时朱元璋东边是张士诚，以今苏州为都；西边是陈友谅，以今九江为都。朱元璋以今南京为都，被二者夹在中间。刘伯温建议，不可两线作战，先稳住张士诚，集中兵力对付陈友谅，然后再回头拿下张士诚。朱元璋颇为赞成。

当时陈友谅刚攻陷太平（今安徽当涂县），踌躇满志，气焰嚣张，意欲一举击溃朱元璋。朱元璋开帐商议对策，有的大将劝朱元璋投降，有的认为必须放弃都城，避其锋芒。刘基一直沉默不语。朱元璋请他到内室密商。刘伯温说，不必慌张，我们正可以利用陈友谅骄傲自满、目中无人的心态，诱敌入伏，一举剪灭其精锐。刘伯温还说，那些言降者或议逃者，应尽诛之，以免扰乱军心。朱元璋一听，觉得谋略可用，立时心里踏实了。

朱元璋曾夸赞说："刘伯温就是我的张良啊。"后人有诗赞曰："三分天下诸葛亮，一统江山刘伯温。"把他看得比诸葛亮还牛。

1368 年建立明朝之后，朱元璋经常为缺乏宰相大才而发愁。有一次他问刘伯温谁当宰相合适，刘伯温说，那个李善长可以。朱元璋说："他不是你仇人吗？"刘伯温说："我是给国家推荐人才，不是给自己推荐朋友。"朱元璋说："你跟我这么多年，计谋深远，办事得力，从没出过差错，又这么有胸怀。我看你当宰相很合适。"刘伯温坚决辞谢。他知道自己不是这个料。

几百年来，刘伯温以神机妙算、运筹帷幄著称于世，民间一直把他当作明初开国宰相。实际上他一直没有担任过宰相，始终是个谋臣。宰相与谋臣有何区别呢？

谋臣需博知古今，洞悉远近，深谋远虑，总览全局，提出步步为营、克敌制胜的战略计策，优秀统帅据此实施，可以稳操胜券。宰相除了具有上述谋臣的能力之外，还必须具有驾驭全局、统率百官的执行力，这种能力光靠智慧可不行，必须是大政治家才行。

刘伯温大概认为自己不具备驾驭全局、统率百官的执行力，所以坚决辞谢宰相之职务。他虽然只是个谋臣，其贡献却非一般宰相可比。

副课文

年轻人必须立志猛进

四位老弟足下：

自七月发信后，未接诸弟信。乡间寄信，较省城寄信百倍之难，故余亦不望也。九弟前信，有意与刘霞仙同伴读书，此意甚佳。霞仙近来读朱子（朱熹）书，大有所见，不知其言语容止、规模气象何如？若果言动有礼，威仪可则，则直以为师可也，岂特友之哉？然与之同居，亦须真能取益乃佳，无徒浮慕虚名。

人苟能自立志，则圣贤豪杰，何事不可为？何必借助于人？“我欲仁，斯仁至矣。”我欲为孔孟，则日夜孜孜，惟孔孟之是学，人谁得而御(阻挡)我哉？若自己不立志，则虽日与尧、舜、禹、汤同住，亦彼自彼，我自我矣，何与于我哉？

去年温甫（曾国华）欲读书省城，吾以为离却家门局促之地，而与省城诸胜己者处，其长进当不可限量。乃（你）两年以来，看书亦不甚多，至于诗文，则绝无长进，是不得归咎于地方之局促也。

去年余为择师丁君叙忠，后以丁君处太远，不能从，余意中遂无他师可从。今年弟自择罗罗山改文，而嗣后杳无消息，是又不得归咎于无良友也。

日月逝矣，再过数年，则满三十，不能不趁三十以前，立志猛进也。

余受父教，而余不能教弟成名，此余所深愧者；他人与余交，多有受余益者，而独诸弟不能受授之益，此又余所深恨者也！今寄霞仙信一封，诸弟可抄存信稿而细玩之，此余数年来学思之力，略具大端。六弟前嘱余将所作诗抄录寄回，余往年皆未存稿，近存稿者，不过百余首耳，实无暇抄写，待明年将全本付回可也。

国藩草（道光二十四年九月十九日）

——〔清〕曾国藩《曾国藩家书·劝学篇》

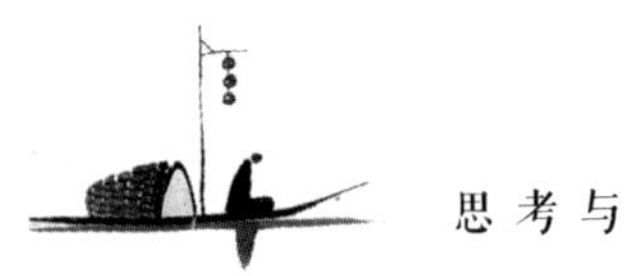

思考与训练

认真阅读下列文字，将加横线的句子翻译成白话文。

基（刘伯温）虬髯，貌修伟，慷慨有大节，论天下安危，义形于色。<u>帝察其至诚，任以心膂（lǚ，脊梁骨）。每召基，辄屏人密语移时。基亦自谓不世遇，知无不言。遇急难，勇气奋发，计画立定，人莫能测。暇则敷陈王道。</u>帝每恭己以听，常呼为老先生而不名，曰："吾子房也。"（子房是汉代刘邦谋臣张良）又曰："数以孔子之言导予。"顾帷幄语秘莫能详，而世所传为神奇，多阴阳风角之说，非其至也。所为文章，气昌而奇，与宋濂并为一代之宗。所著有《覆瓿集》《犁眉公集》传于世。（《明史·列传十六·刘基传》）

第三课 万木草堂小学学记

〔清〕梁启超

题解

1891年，康有为在广州长兴里3号一所老宅子，开馆讲学。该学堂被命名为“万木草堂”，意在为中国培养中西兼通的众多救国大才。入室弟子有梁启超、麦孟华、徐勤等100余人。此学堂被称为戊戌变法策源地。后来梁启超在上海再造万木草堂，强调学生必须以天下为己任。本文对学堂主事者和教师言明办学宗旨、培养目标，对学生言明努力方向和方法。

人物故事

梁启超（1873—1929）：字卓如、任甫，号任公，又号饮冰室主人、饮冰子、哀时客、中国之新民、自由斋主人。清末民初呼风唤雨的思想家、政治家、史学家、文学家、宣传家。8岁学文，9岁能缀千言。17岁中举。师从康有为。曾协助康有为联合各省举人发动“公车上书”运动，其后领导北京和上海的强学会，又与黄遵宪一起办《时务报》。陈宝箴主政湖南期间，受聘担任长沙时务学堂主讲，并著《变法通议》，号召中国变法图强。继而跟康有为、谭嗣同等人一起，发起戊戌维新运动，对风雨飘摇的中国社会造成巨大影响。跟康有为合称“康梁”，是变法运动和变法时代的代名词。北洋政府时期，他曾出任司法部长、财政部长等职，积极为国效力。因肾病在协和医院做肾切除手术。西医将其好肾切除，病肾保留。为了保护西医声誉，他对此不事声张。不久辞世，年仅56岁。有《饮冰室合集》传世。

主课文

启超居上海，双遣先生，使其子以东来就学，且告启超曰：“今日中国之弊，人才乏也。人才之乏，不讲学也。吾子日言变法，如捕风，如说食[1]，为裨[2]几何，吾子盍[3]抗颜[4]而讲焉。”

启超瞿然[5]曰：“启超四库[6]之籍，百不窥一，五洲之域，游梦未及，将终其生为学僮，犹惧不殖，遑言讲学。双遣曰：虽然，子其演子之所学[7]，有可以诲以东者而述焉。”于是略依南海先生《长兴学记》，演其始教之言以相语也。启超记。

立志：孔子曰，天下有道，某不与易也[8]。佛言不普度众生，誓不成佛。伊尹思天下之民，有匹夫匹妇，不被尧舜之泽者，若己推而纳诸沟中。孟子曰如欲治平天下，当今之世，舍我其谁也？朱子谓惟志不立，天下无可为之事。学者当思国家之何以弱，教之何以衰，种之何以微，众生之何以苦，皆天下之人莫或以此自任也。我徒知责人之不任，则盍自任矣。《论语》

曰："志于仁。"又曰："仁以为己任。"学者苟无志乎此，此则凡百学问，皆无着处。先立乎其大者，则其小者不能夺。此志既定，颠扑不破，读一切书，行一切事，皆依此宗旨。

读书：今之方领矩步[9]者，无不以读书自命。然下焉者溺帖括[10]，中焉者骛[11]词章，上焉者困考据。劳而无功，博而寡要，徒斫[12]人才，无补道术。今之读书，当扫除莽榛，标举大义，专求致用，靡[13]取骈枝；正经正史，先秦诸子，西来群学，凡此诸端，分月讲习，定其旨趣，撷取精华，自余群书，皆供涉猎。凡有心得，以及疑难，皆为札记。至其先后次第，余有读书分月课程，读西书法两者，皆昔者门人答问之作，虽粗浅已甚，亦初学之途径也。

（选自《梁启超全集》）

注释

［1］说食：空谈食物，意即画饼充饥。

［2］裨（bì）：增添。

［3］盍（hé）：何不？表示反问或疑问。

［4］抗颜：态度严正刚毅，不看别人脸色行事。

［5］瞿然（qú rán）：略显惊讶。

［6］四库：古人把中国典籍分作经、史、子、集四类，这也是古人的知识分类法。清代纪晓岚等人按此分类编纂《四库全书》，囊括了先秦以来主要经典。四库之籍即指《四库全书》

所收典籍。

[7] 演子之所学：发挥你所学。演，发挥。

[8] 天下有道，某不与易也：语出《论语·微子篇》："天下有道，丘不与易也。"意思是，如果天下有道，我就不会致力于改造它。

[9] 矩步：端方合度的行步姿态。形容举动合乎规矩，一丝不苟。

[10] 帖括（tiě kuò）：唐制，明经科以帖经试士。把经文帖去若干字，令应试者对答。后考生因帖经难记，乃总括经文编成歌诀，便于记诵应时，称"帖括"。后以此比喻迂腐不切时用之言。

[11] 骛：追求。

[12] 斫（zhuó）：砍。

[13] 靡（mǐ）：没有，不。

参考译文

我住在上海，双遣先生要把他儿子以东送来我处求学，且对我说："今日中国的弊处之一，就是缺人才；为什么缺人才呢？没人传播学问大道也。你长期宣传变法，犹如捕风捉影、画饼充饥，对社会有多少帮助？你何不逆风而行，专心传播学问大道呢？"

我惊讶而又虚怯地说："经史子集四库经典，我百分之一都没深究，天下五洲，即使梦中也游历有限。我一辈子当个学僮还怕不够格，哪还谈得上讲学呢？”双遣说：“虽然如此，你还是可以发挥所学，把能教诲以东的内容讲一讲。”于是，我大致仿照南海康有为先生的《长兴学记》，发挥先生训词之意，跟双遣、以东等人共勉。梁启超记写如下。

立志：孔子说，如果天下有道，我孔丘就不会致力于改变它。佛说，不普度众生，誓不成佛。商汤的宰相伊尹，日夜牵挂天下万民，如有匹夫匹妇得不到圣君的恩泽，就像是自己把他们推进了沟壑之中。孟子说，如要治国理政，做到天下太平，当今时代，除了我还有谁能做到呢？宋代大儒朱熹说，如果你没有志向，就找不到值得你做的事。求学者，应该念念不忘这样的问题：我中国为什么这么贫弱？我华夏文化政教为什么如萎靡？我中华种族为什么如此衰败？我同胞为什么如此苦海无边？天下士民没人关怀这些问题，没人以天下为己任，才堕落到这个地步啊。与其光是责备天下士民没有担当精神，何不自己主动担当天下兴亡的责任呢？《论语》说：立志行仁。又说，把行仁当作自己的使命。求学者如果没有此种志向，则万般学问、满腹经纶，都没有主心骨。先确立人生大理想、大目标，万般知识就能组织起来，不会丧失意义。志向既定，必定坚不可摧，无可摇撼，那么学习任何学问，致力于任何事业，都是在践履自己的志向与理想。

读书：当今引领时代风尚的正统文人，皆以为自己的使命就是读书。然而，其下者沉溺于科举应试的八股文，中者以为追求华丽文辞，上者也不过深陷考据之学。这种所谓读书，费力而没有收获，只是驳杂而不得要领，白白地摧毁人才，无助于天理大道和治国要术。我今天在此所强调的读书，是抛弃芜杂知识，明确读书目标，追求学以致用，不图枝枝蔓蔓。主要经书和史书、先秦百家的主要学派，还有西方主要学科，这些重要知识，我都按照每年每月的计划，有步骤地讲授。我会取其精华，指明主旨。其他百科典籍，稍加涉猎，用以扩展视野即可。每有读书心得，以及疑难不解处，一定要做笔记。至于研读上述经史子集经典的顺序，我有按月推进的课程安排，讲西方著作读书法的两本书，都是根据以前回答学生提问整理出来的，虽然很粗浅，但对初学者来说，是必须经历的门径。

赏析与写作指导

以天下自任

文章开头，作者先谦虚一番，说自己学问浅陋，然后当仁不让地列举为学要点，对学生提出要求。其中最主要的要求，是学生必须立志。在古代圣贤笔下，“志”并非个人兴趣爱好，提笼架鸟可能是爱好但不是志。所谓志者，乃指将一生的能量，投向安邦治国、造福兆民之伟业。在中国饱受殖民列强掠夺侵凌的晚清，一个中国学子的志向，何待多言，作者直陈：“学者当思国家之何以弱，教之何以衰，种之何以微，众生之何以苦，皆天下之人莫或以此自任也。我徒知责人之不任，则盍自任矣。”

此为全文重点，给青年一代提出了“保国、保种、保教”的急迫使命，“自任”则是文眼所在。

文章旁征博引，取据宏富。孔子、孟子、朱子，儒学、佛学、西学，尽在其中。文章虽短，所论仅为小学学习，然意旨宏远。提笔即是雄文，不愧为大学者也。

在著名的《少年中国说》中，梁启超意气风发地告诫青少年：“故今日之责任，不在他人，而全在我少年。少年智则国智，少年富则国富；少年强则国强，少年独立则国独立；少年自由则国自由；少年进步则国进步；少年胜于欧洲，则国胜于欧洲；少年雄于地球，则国雄于地球。红日初升，其道大光。河出伏流，一泻汪洋。潜龙腾渊，鳞爪飞扬。乳虎啸谷，百兽震惶。鹰隼试翼，风尘翕张。奇花初胎，矞矞皇皇。干将发硎，有作其芒。天戴其苍，地履其黄。纵有千古，横有八荒。前途似海，来日方长。美哉我少年中国，与天不老！壮哉我中国少年，与国无疆！”

少年之状态、修为，与国家命运息息相关。若少年能以天下自任，则天下何愁不治，国家何愁不强，万民何愁不福。作者的天下情怀，跃然纸上矣。

梁启超和康有为合称“康梁”，他们是清末维新运动的主要发起者和领导者。几岁就名闻天下，后来应湖南巡抚陈宝箴之聘，到长沙担任时务学堂总教习，为中国培养了一批干才。

梁启超所著《变法通议》对光绪帝和中国社会产生了巨大影响。戊戌变法失败后，光绪帝被囚禁，谭嗣同等六君子和一批太监被诛杀，康有为、梁启超流亡海外，继续宣传变法。

1911 年，18 岁的毛泽东在长沙求学时，眼看祖国沉沦，曾贴海报提出回天之计：由孙中山担任国家总统，康有为担任政府总理，梁启超担任外交部长，造出一个新中国。由此可见梁启超在一代热血青年中影响何其重大。

延伸知识

励志之最为抓住今日

人人都想成功，但并非人人都愿意下功夫。曾国藩说，天才败于骄，常才败于懒。所谓懒，就是不能吃苦，不愿意下大功夫。

放松今日，把用功的希望寄托在明日，是懒人的普遍心态。古圣先贤洞悉吾等懒意，曾专门写诗告诫我们，不能以明日为借口，偷今日之懒。钱鹤滩《明日歌》云：

明日复明日，明日何其多！我生待明日，万事成蹉跎。世人若被明日累，春去秋来老将至。朝看水东流，暮看日西坠。百年明日能几何？请君听我《明日歌》！

明日复明日，明日何其多！日日待明日，万事成蹉跎。世人皆被明日累，明日无穷老将至。晨昏滚滚水东流，今古悠悠日西坠。百年明日能几何？请君听我明日歌。

钱鹤滩（1461—1504）是明代学者，华亭（今上海松江）人，有《鹤滩集》传世。他的《明日歌》影响广泛，唤醒了无数本想偷懒的人。

明代篆刻家文嘉（1501—1583），特赋《今日歌》，告诫我们要抓住当下，珍惜今日。所有的励志，最关键者在于抓住今日。如果虚度一个个今日，再多的励志措施，都救不了你。《今日歌》云：

今日复今日，今日何其少！人生百年几今日，今日不为真可惜！若言姑待明朝至，明朝又有明朝事。为君聊赋《今日诗》，努力请从今日始。

文嘉，长洲（今江苏省苏州市）人，是大画家文征明的二公子。以他的天资和成长环境，尚且需要抓住今日，吾辈岂可懈怠！文嘉还写过一首《昨日歌》：

昨日兮昨日，昨日何其好！ 昨日过去了，今日徒懊恼。世人但知悔昨日，不觉今日又过了。水去日日流，花落日日少，成事立业在今日，莫待明朝悔今朝。

光阴似箭，日月如梭。日子稍纵即逝，转眼今日即成昨日。与其后悔荒废昨日，不如抓牢今日的分分秒秒。从看电视、玩游戏、弄手机、嗑瓜子、闲聊天的纠缠中摆脱出来，要么拿起书，要么拿起笔，要么扑向电脑键盘，展开你的学习和工作，这就叫下功夫。

副课文

静坐以养心

（主课文只是截取了《万木草堂小学学记》三分之一内容，尚有三分之二内容，置于副课文之中，供习者阅读，以便把握其完整文意。）

养心：孔子自得之学，在从心所欲。孟子自得之学，在不动心。后人言及心学，辄指为逃禅，此大误也。天下学问，不外成己成物二端。欲求成己，而不讲养心，则眼耳鼻舌身意根尘（佛教语。佛家谓眼、耳、鼻、舌、身、意为六根，色、声、香、味、触、法为六尘。）相引，习气相熏，必至堕落。欲求成物，而不讲养心，则利害毁誉称讥苦乐，随在皆足以败事。故养心者，学中第一义也。养心有二法门，一曰静坐之养心，二曰遇事之养心。学者初学多属伏案之时，遇事盖少，但能每日静坐一二小时，求其放心，常使清明在躬，志气如神，梦剧不乱，宠辱不惊，他日一切成就，皆基于此，毋曰迂远云也。

穷理：法必变，所以立之故不变。六经诸子，古者皆谓之道术。盖所以可贵者，惟其理也。故曰，法先王者法其意。西人自希腊诸贤，即讲穷理，积至近世，愈益昌明，究其致用，有二大端，一曰定宪法以出政治，二曰明格致以兴艺学。晚近公理学之盛行，取天下之事物，古人之言论，皆将权衡之，量度之，以定其是非，审其可行与不可行。盖地球大同太平之治，殆将萌芽矣。学者苟究心此学，则无似是而非之言，不为古人所欺，不为世法所挠（扰乱）。夫是之谓实学。若夫孟子所谓深造自得，左右逢源，又其大成之事也。

经世：庄子曰，《春秋》经世，先王之志，为学而不以治天下为事，其学焉果何为哉？故胡安定（宋代学者，姓胡名瑗字安定）有治事之斋。而西人最重政治学院，上依人理，下切时务，穷则建言，达则任事，此其为学，具有专门，以言经济也。顾亭林曰："天下兴亡，匹夫之贱，与有责焉。"范文正（范仲淹）作秀才时，便以天下为己任。后世此义不明，即好学之士，亦每以独善其身为主义，而世变益莫之振救，不知栋折榱（cuī，房屋结构中的椽子）崩，其谁能免？即不念大局，独不思自保耶？

传教：孔子改制立法，作六经以治万世，皜皜（hào，明亮洁白）乎不可尚矣。乃异道来侵，辄见篡夺，今景教（指今日所言基督教）流行，挟以国力，奇悍无伦，而吾教六经舍帖括、命题之外，诵者几绝，他日何所恃而不沦胥（lún xū，泛指沦陷、沦丧）哉？虽然，《中庸》之述祖德，则曰施及蛮貊（mán mò，指南方和北方落后部族）。《春秋》之致太平，则曰大小若一。圣教之非直不亡，而且将益昌。圣人其言之矣。《记》曰："其人存则其政举。"佛教耶教之所以行于东土者，有传教之人也。吾教之微，无传教之人也。教者，国之所以受治，民之所以托命也。吾党丁此世变，与闻微言，当浮海居彝，共昌明之。非通群教，不能通一教。故外教之书，亦不可不读也。

学文：词章不能谓之学也。虽然，言之无文，行之不远。说理论事，务求透达，亦当厝（cuò，安置）意。夫骈俪（pián lì，骈者，两马并驾一车也，骈驰。俪者，并列成双也。骈俪、骈体、骈枝，均指成双成对。用以指古代中国文学特有的一种文体—骈体文，出句成双，句法对偶。）文章，歌曲之作，以娱魂性，偶一为之，毋令溺志。西文西语，亦附此门。

卫生：张而不弛，文武不能。西人百业，皆有安息。七日来复，大易同之。学贵以时，无使劳顿，更习体操，以练筋肤。

——〔清〕梁启超《梁启超全集》

思考与训练

1. 细思“学者当思国家之何以弱，教之何以衰，种之何以微，众生之何以苦，皆天下之人莫或以此自任也。我徒知责人之不任，则盍自任矣”。今日中国已巍然屹立，我们该如何理解今日之“自任”？

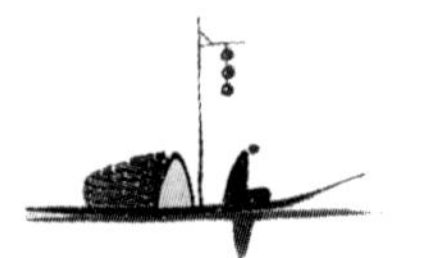

2. 副课文《静坐以养心》曰:“孔子改制立法，作六经以治万世，皜皜乎不可尚矣。乃异道来侵，辄见篡夺，今景教流行，挟以国力，奇悍无伦。而吾教六经舍帖括、命题之外，诵者几绝，他日何所恃而不沦胥哉？”请将此言翻译为白话文。

第四课　胡孝子传

〔清〕刘大櫆

村民胡其爱，一辈子唯一的事业、贡献、功德，就是侍奉病中老母。侍奉 30 多年，老母辞世，他也很快辞世。这个卑微的人，才是真正具有人文关怀的人，才是德高道深的人，跟大人先生的自我标榜，形成强烈反差。

人物故事

刘大櫆（1698—1780）：字才甫，一字耕南，号海峰。桐城（今安徽枞阳县汤沟镇陈家洲）人。20 余岁以布衣入京，方苞对其文赞曰："如苞何足算哉！邑子刘生乃国士尔！"并称赞他是韩愈、欧阳修再世。他拜方苞为师，又收姚鼐为弟子。桐城派于是形成戴名世—方苞—刘大櫆—姚鼐师徒链，由此成就蔚然。通常认为戴名世是桐城派先驱，方苞、刘大櫆、姚鼐是桐城派三巨人。刘大櫆科场、仕途均不顺，潜心为文。文章既不歌功颂德，也不指斥时弊，显示了底层文人的正统与稳健。他修干美髯，性格豪放，纵声诵读古诗文，韵调铿锵，余音绕梁。有《海峰文集》《海峰诗集》传世。

主课文

孝子胡其爱者，桐城人也。生不识《诗》《书》，时时为人力佣[1]，而以其佣之直[2]奉母。母中岁遘[3]罢癃[4]之疾，长卧床褥。而孝子常左右之无违。自卧起以至饮食、溲便[5]，皆孝子躬自扶抱，一身而百役，靡[6]不为也。

孝子家无升斗之储。每晨起，为母盥沐、烹饪、进朝馔[7]，乃敢出佣。其佣地稍远，不及炊，则出勺米付邻媪，而叩首以祈[8]其代爨[9]。媪辞叩，则行数里外，遥致其拜焉。至夜必归，归则取母中裙[10]秽污自浣涤之。

孝子衣履皆敝垢，而时致鲜肥[11]供母。其在与佣者[12]之家，遇肉食即不食，而请归以遗[13]其母。同列[14]见其然，而分以饷[15]之，辄不受。平生无所取于人，有与之者必报。

母又喜出观游，村邻有伶优[16]之剧，孝子每负[17]母以趋，为藉草[18]安坐，候至夜分人散，乃复负而还。时其和霁[19]，母欲往宗亲里党[20]之家，亦如之。孝子以生业之微[21]，遂不娶，惟单独一人，竭力以养终其身。

母陈氏，以雍正八年病，至乾隆二十七年，乃以天年[22]终。盖前后三十余年，而孝子奉之如一日也。母既没，负土成坟，即坟旁，挂片席而居。凄伤成疾，逾年癸未，孝子胡其爱卒。

赞曰：今之士大夫，游宦[23]数千里外，父母没于家，而不知其时日；岂意乡里佣雇之间，怀笃行[24]深爱之德，有不忍一夕离其亲宿于外如胡君者哉！胡君，字汝彩，父曰志贤。又同里[25]有潘元生者，入自外，而其家方火，其母闭在火中。

元生奋身入火，取其母以出，头面皆灼烂。此亦人之至情[26]，无足异；然愚夫或怯懦不进，则抱终身之痛无及矣。勇如元生，盖亦有足多[27]者，余故为附著之。

（选自《清代散文选》）

注释

［1］力佣：出卖劳力，受人雇佣。

［2］直：钱，收入。同“值”。

［3］遘（gòu）：遭遇，碰上。

［4］罢癃（pí lóng）：亦作“疲癃”。瘫痪不能起床。一说是背部疾病，腰曲而背隆起。

［5］溲（sōu）便：大小便。溲，小便。

［6］靡：无。

［7］馔（zhuàn）：食物。

［8］祈：请求。

［9］爨（cuàn）：烧火煮饭。

［10］中裙：内裤。俗称小衣。

［11］鲜肥：鱼、肉等新鲜美味食物。

［12］与佣者：指帮工的主人。

［13］遗：赠予。

［14］同列：一起为雇主打工的人。

［15］饷：给予食物，用食物款待。

［16］伶优：优伶，以乐舞娱乐为业的艺人。

［17］负：背着。

［18］藉草：用草垫坐。

［19］时其和霁：如果天气晴好。和霁，天气暖和放晴。

［20］里党：乡党，邻里。

［21］以生业之微：因为谋生收入太微薄。以，因。

［22］天年：人的自然寿命。

［23］游宦：在外地做官。

［24］笃行：专一忠实地实行、践履。

［25］同里：同乡或同村。

［26］至情：最深厚真诚的感情。

［27］多：赞美。

参考译文

孝子胡其爱，桐城人。一辈子不识字，一直给别人做雇工，以工钱奉养老母。母亲中年患瘫痪病，长卧在床。孝子常常侍奉左右，从无离弃。从睡觉、起床，直到饮食、大小便，都由孝子亲自扶着抱着，一人身兼百事，无所遗漏。

孝子家无存粮，每天早上起床，先为母亲洗漱、做饭，母亲吃过早餐他才敢出门上工。雇主离家较远，来不及回来做中饭，每天把一勺米交给邻家老妇，磕头请其代为做饭。邻家老妇不让他磕头，他走到数里之外，再远远磕头拜谢。孝子晚上收工一定回家，把老母脏污的衣服洗干净。

孝子自己的衣服鞋子都很破旧，却时常买鱼、肉等新鲜美味侍奉母亲。他在雇主家里，如果遇到有肉吃，自己舍不得吃，请求带回家给母亲吃。伙伴们见他这样，要分肉给他，他坚决不要。他从不向别人要东西，有人馈赠则必定回报。

母亲喜欢外出走走看看，邻村有艺人演戏，孝子每次都背着母亲前往，安置在草席上观看。等到夜深人散，又背母亲回家。如果天气晴好，母亲想去亲戚邻里家走走，也一样来回背着。孝子因挣钱少，于是不娶妻，独自一人，竭尽全力供养母亲。

母亲姓陈，从雍正八年生病，至乾隆二十七年寿终正寝。30多年，孝子侍奉母亲始终尽心尽意。母亲辞世后，他堆土做坟，靠着坟堆搭草棚，陪住守孝。他思母成疾，一年后病故。

赞语：如今士大夫，在数千里之外做官，父母在家里辞世，连日子都不知道；他们哪里想到，在乡里雇工之中，竟然有像胡君这样，怀着专一之心，一天都不忍离开亲人住在外边的践履者！胡君，字汝彩，其父名志贤。他的同乡潘元生，从外面回家，赶上家里火灾，而母亲困在烈火中。潘氏奋不顾身冲入烈火中，抱起母亲逃生，而他的头脸都被大火烧坏。其爱母之情至深，不容置疑；有些愚夫也许因为怯懦而不敢冲进火海，一定会怀有终生悔恨和痛苦！像潘氏这样孝而勇者，多么值得我们称赞，特在此附带记录他的事迹。

赏析与写作指导

孝道是人文文化的基础

今日中国，一谈到孝道，就被一些人斥为“封建糟粕”，此见何其浅陋荒唐。

执守孝道，赡养老人，侍奉父母，这既是一种天然感情，也是一种人文素质。历史上统治集团将孝与忠并列，奉为国家意识形态，成为统治万民的工具，也应分而论之。一方面，这种国家意识形态是为统治阶级服务的，是统治阶级的统治手段之一；另一方面，这种国家意识形态，也是一种放之四海而皆准的教化，是以国家名义提倡一种人文素养，它对维护正常的人类感情和人伦关系，具有良好的作用。就此而言，它乃是为万民服务的，尤其是为丧失劳动能力的老人服务的。偏执地否定、批判孝道，乃是抵制责任、拒绝付出的私心恶德作怪。

再说，中国文化中的孝德，并非始于“封建礼教”。早在孝道被官方晋级为国家意识形态之前，敬老孝亲的孝德观念，在中国社会已经具有崇高地位。统治阶级只是因俗设教，利用民间社会的孝亲观念，强化社会秩序的稳定。

孝道不仅体现了人子之责，也是一种更为广泛的人文素质的基础。中国人讲究大同，相信四海之内皆兄弟，主张普天之下相互关爱而不是相互劫掠屠戮，这就是世界上最早的人文关怀。

《大学》指出：“大学之道，在明明德。”何谓“明德”？王阳明说:“大人者，以天地万物为一体者也。其视天下犹一家，中国犹一人焉。若夫间形骸而分尔我者，小人矣。大人之能以天地万物为一体也，非意之也，其心之仁本若是，其与天地万物而为一也。岂惟大人，虽小人之心亦莫不然，彼顾自小之耳。”

视天地万物为一体，视天下犹一家，视中国犹一人——这就是中国古人的人文关怀和人文素质。这种素质必须以孝亲为基础。如果我们连孝亲都做不到，怎么可能视天地万物为一体、视天下犹一家、视中国犹一人?

孝道是人文素质的基础，如果否定孝道，所谓天下为公、所谓大同、所谓四海之内皆兄弟、所谓视天下犹一家、所谓明明德、所谓亲民，全都是沙滩楼塔，无法稳固。

不可想象，一个连基本孝德都不具备的人，却滔滔不绝地大谈什么人文素质，甚至标榜自己“视天地万物为一体，视天下犹一家，视中国犹一人”。这种江湖骗子，今日何其多哉!

古人提出孝道，是因为不少人缺乏孝道。许多子孙遗弃父母，不承担赡养之责，不关心老人生死，圣哲圣王于是以孝道匡正时弊、救治人心、规范人伦、培养风气。经过几千年的努力，依然有不肖子孙作孽作死。今天孝道崩溃，孝德暗淡，小人失去制约，恶徒肆无忌惮。遗弃父母、不赡养老人者，几乎每个村庄都有。既无法律制裁，也无道德谴责，更无行政干预。国家突飞猛进，一些老人却处于水深火热之中。然而大人先生标榜人文关怀的声音，今天却比历史上任何时代都高出百倍。

倒是从来不标榜自己的村民胡其爱，默默践行孝道，发乎本心地关爱老母，以老母之痛为己痛，以老母之需为己需。什么修齐治平的概念，他从来不懂，他一心想着让老母幸福。“孝子衣履皆敝垢，而时致鲜肥供母。其在与佣者之家，遇肉食即不食，而请归以遗其母。……村邻有伶优之剧，孝子每负母以趋，为藉草安坐，候至夜分人散，乃复负而还。”

他一辈子唯一的事业、贡献、功德，就是侍奉病中老母。这才是真正的人文素质，这才是中国人的典范。

延伸知识

孝德是对弃老历史的清算

孝亲虽然是一种天然感情，但是，在生存资料极其匮乏时代，自私心理可能占上风，这种天然感情可能遭遇伤害和背叛。

100 多年前，达尔文在非洲考察时，发现过一个遗弃老人的部落。这个部落总是把年老的妇女放逐到森林里让她们饿死。请教他们为什么这样做，他们的酋长回答说，妇女是生孩子的，年长的妇女既然不会生孩子，还留着白吃饭干什么呢？这个回答尽管赤裸裸，但是真实而又简明。在那种生存资源极为缺乏的环境中，人类奉行的生存战略就是如此残酷。有限的食品与其养活老人，不如养大孩子，因为孩子长大了就成了生产力，可以生产更多的食品。可是如果食品过于匮乏，连孩子也难以养大了，那种环境中的人就选择吃孩子。首先，杀死孩子就为青壮年省出了粮食；其次，孩子还可以作为食品补充食物的匮乏。在这样的生存逻辑面前，伦理感情、亲情本能遭遇灭顶之灾。

遗弃老人的故事不只发生在非洲。古代朝鲜有一种流传广泛的习俗，凡是丧失劳动能力的老人，都被遗弃在山上，任其死亡。某年月日，父子两人一起将已经老迈衰朽的爷爷抬到山上，回来的时候，父亲把那抬老人的筐子扔掉了，可是儿子又把那筐子捡了回来。父亲说已经没有用处了，捡它干吗？儿子说，怎么没有用处呢？等你老了，再用这筐子抬你呀。父亲感到惊愕不已，立时有了良心发现，赶紧掉头上山，将老人抬回家来，好好赡养。从此，朝鲜就渐渐结束了这种残酷的习俗，变遗弃老人为敬养老人。

想来这个故事并非随意虚构，而是一段遗弃老人的漫长历史在精神文化领域的折射。现在的韩国成为世界上最敬老的社会，就是对这段历史的拨正和超越。

韩国的邻居中国，古代也有遗弃老人的传统，而且有考古遗址为证。在湖北武当山地区，人一到60岁，就被年轻人送到野外一个土坑里，这种土坑通常80厘米高，50厘米宽，200厘米长，正好可容一人躺着或者坐着。老人住进土坑，家里人送饭三天，然后就冻饿而死。此后，子孙后代再将老人遗体弄出来安葬。（二次葬即安葬遗骨的习俗，也许就是这样发展起来的！）

那个非洲部落如今面貌如何，无可查证。中国人尽管不是每个家庭都做得很好，反正公开将老人遗弃在山洞里的做法很少出现。相反，中国的史籍记述着许许多多尊老敬老的箴言和故事，这些典籍构成了一种强大的文化传统，似乎有意跟这种遗弃老人的残酷传统进行着一场持续几千年的艰苦卓绝的搏斗。

提倡孝道，褒扬孝德，敬顺父母，奉养老人，是人类进步到一定时期之后，逐步产生、建构的人文文化。它也许代表着人类的人文觉醒和责任觉醒。2000 多年来，中国人以国家力量推行孝道，就是为了把孝亲这种天然感情，升华为一种责任和一种必须履行的法律义务，要求国民在任何情况下，都不可背叛此责此义。这从一个侧面，证明中国是一个高度文明的国家。

副课文

恶少以孝抵罪

沧州城南上河涯，有无赖吕四，凶横无所不为，人畏如狼虎。一日薄暮，与诸恶少村外纳凉。忽隐隐闻雷声，风雨且至。遥见似一少妇避入河岸古庙中。吕语诸恶少曰："彼可淫也。"

时已入夜，阴云黯黑，吕突入掩其口，众共褫衣相嬲（niǎo，戏弄）。俄雷光穿牖，见状貌似是其妻，急释手问之，果不谬。吕大恚（huì，发怒），欲提妻掷河中。妻大号曰："汝欲淫人，致人淫我，天理昭然，汝尚欲杀我耶？"

吕语塞，急觅衣裤，已随风入河流矣。旁皇无计，乃自负裸妇归。云散月明，满村哗笑，争前问状。吕无可置对，竟自投于河。盖其妻归宁（回娘家），约一月方归。不虞母家遘（gòu，遭遇）回禄（火灾），无屋可栖，乃先期返。

吕不知，而遘此难。后妻梦吕来曰："我业（造孽）重，当永堕泥犁（地狱）；缘生前事母尚尽孝，冥官检籍得受蛇身，今往生矣。汝后夫不久至，善视新姑嫜（gū zhāng，公婆），阴律（阴间律法）不孝罪至重，毋自蹈冥司汤镬（huò，大锅）也。"

至妻再醮（jiào，嫁人）日，屋角有赤练蛇，垂首下视，意似眷眷。妻忆前梦，方举首问之。俄闻门外鼓乐声，蛇于屋上跳掷数回，奋然去。

——〔清〕纪晓岚《阅微草堂笔记·滦阳消夏录一》

思考与训练

1. 古人常说，忠孝不能两全。无论是忠是孝，都是一种责任、一种人文素质。一个不孝的人，他能发乎本心地忠吗？一个不忠的人，他能发乎本心地孝吗？从这个角度说，唯有忠孝两全的人，才是真忠真孝。一个人如果忠而不孝，或者孝而不忠，其忠其孝都是可疑的。

请仔细分析，“忠孝不能两全”的古语，在什么层面是正确的，在什么层面是错误的？

2. 文言文省略主语的情况比较多，有时候行文中主语已经改变，可是因为省略，读者稍微粗心就难以意识到，这给我们的阅读增加许多困难。我们必须高度重视，有意克服这个困难，以尽快提高文言文阅读能力。细读主课文下面句子，在括号内填写后边行为的主语是谁。

母既没，(　　)负土成坟，(　　)即坟旁，(　　)挂片席而居，(　　)凄伤成疾。

第五课 三顾茅庐天下计

〔明〕罗贯中

题解

本文标题修改杜甫诗句而得。杜甫《蜀相》全诗如下：

丞相祠堂何处寻？锦官城外柏森森。
映阶碧草自春色，隔叶黄鹂空好音。
三顾频烦天下计，两朝开济老臣心。
出师未捷身先死，长使英雄泪满襟。

刘备“虽有匡济之诚，实乏经纶之策”。诸葛亮初见，即献扫平天下大计，故此标题颇合文意。

人物故事

罗贯中（约1330—约1400）：名本，字贯中，号湖海散人，并州太原（今山西太原）人，元末明初著名小说家、戏曲家，中国章回体小说鼻祖，代表作《三国演义》。其他作品有《隋唐两朝志传》《残唐五代史演义》《三遂平妖传》。有学者认为，《水浒传》也是罗贯中作品，学术界对此常有争议。《三国演义》（全称《三国志通俗演义》）对后世文学创作影响深远。除小说外，罗贯中尚存杂剧《赵太祖龙虎风云会》。

主课文

二人歌罢，抚掌大笑。玄德曰："卧龙其在此间乎！"遂下马入店。见二人凭桌对饮：上首者白面长须，下首者清奇古貌。玄德揖而问曰："二公谁是卧龙先生？"

长须者曰："公何人？欲寻卧龙何干？"

玄德曰："某乃刘备也。欲访先生，求济世安民之术。"

长须者曰："我等非卧龙，皆卧龙之友也。吾乃颍川石广元，此位是汝南孟公威。"

玄德喜曰："备久闻二公大名，幸得邂逅。今有随行马匹在此，敢请二公同往卧龙庄上一谈。"

广元曰："吾等皆山野慵懒之徒，不省治国安民之事，不劳下问。明公请自上马，寻访卧龙。"

玄德乃辞二人，上马投卧龙冈来。到庄前下马，扣门问童子曰："先生今日在庄否？"童子曰："现在堂上读书。"玄德大喜，遂跟童子而入。至中门，只见门上大书一联云："淡泊以明志，宁静而致远。"

玄德正看间，忽闻吟咏之声，乃立于门侧窥之，见草堂之上，一少年拥炉抱膝，歌曰："凤翱翔于千仞兮，非梧不栖；士伏处于一方兮，非主不依。乐躬耕于陇亩兮，吾爱吾庐；聊寄傲于琴书兮，以待天时。"

玄德待其歌罢，上草堂施礼曰："备久慕先生，无缘拜会。昨因徐元直称荐，敬至仙庄，不遇空回。今特冒风雪而来。得瞻道貌[1]，实为万幸。"

那少年慌忙答礼曰："将军莫非刘豫州，欲见家兄否？"

玄德惊讶曰："先生又非卧龙耶？"

少年曰："某乃卧龙之弟诸葛均也。愚兄弟三人：长兄诸葛瑾，现在江东孙仲谋处为幕宾；孔明乃二家兄。"

玄德曰："卧龙今在家否？"均曰："昨为崔州平相约，出外闲游去矣。"玄德曰："何处闲游？"

均曰："或驾小舟游于江湖之中，或访僧道于山岭之上，或寻朋友于村落之间，或乐琴棋于洞府之内：往来莫测，不知去所。"

玄德曰："刘备直如此缘分浅薄，两番不遇大贤！"

均曰："少坐献茶。"

张飞曰："那先生既不在，请哥哥上马。"玄德曰："我既到此间，如何无一语而回？"因问诸葛均曰："闻令兄卧龙先生熟谙韬略，日看兵书，可得闻乎？"均曰："不知。"张飞曰："问他则甚！风雪甚紧，不如早归。"玄德叱止之。

均曰："家兄不在，不敢久留车骑；容日却来回礼。"玄德曰："岂敢望先生枉驾。数日之后，备当再至。愿借纸笔作一书，留达令兄，以表刘备殷勤之意。"均遂进文房四宝。玄德呵开冻笔，拂展云笺，写书曰：

"备久慕高名，两次晋谒，不遇空回，惆怅何似！窃念备汉朝苗裔，滥叨名爵，伏睹朝廷陵替[2]，纲纪崩摧，群雄乱国，恶党欺君，备心胆俱裂。虽有匡济之诚，实乏经纶之策。仰望先生仁慈忠义，慨然展吕望之大才[3]，施子房之鸿略[4]，天下幸甚！社稷幸甚！先此布达，再容斋戒薰沐，特拜尊颜，面倾鄙悃[5]。统希鉴原。”

玄德写罢，递与诸葛均收了，拜辞出门。均送出，玄德再三殷勤致意而别。

方上马欲行，忽见童子招手篱外，叫曰："老先生来也。”玄德视之，见小桥之西，一人暖帽遮头，狐裘蔽体，骑着一驴，后随一青衣小童，携一葫芦酒，踏雪而来；转过小桥，口吟诗一首。诗曰：

“一夜北风寒，万里彤云厚。长空雪乱飘，改尽江山旧。仰面观火虚，疑是玉龙斗。纷纷鳞甲飞，顷刻遍宇宙。骑驴过小桥，独叹梅花瘦！”

玄德闻歌曰："此真卧龙矣！”滚鞍下马，向前施礼曰："先生冒寒不易！刘备等候久矣！”那人慌忙下驴答礼。诸葛均在后曰："此非卧龙家兄，乃家兄岳父黄承彦也。”玄德曰："适间所吟之句，极其高妙。”承彦曰："老夫在小婿家观《梁父吟》，记得这一篇；适过小桥，偶见篱落间梅花，故感而诵之。不期为尊客所闻。”玄德曰："曾见令婿否？”承彦曰："便是老夫也来看他。”

玄德闻言，辞别承彦，上马而归。正值风雪又大，回望卧龙冈，怅怏[6]不已。后人有诗单道玄德风雪访孔明。诗曰：

“一天风雪访贤良，不遇空回意感伤。冻合溪桥山石滑，寒侵鞍马路途长。当头片片梨花落，扑面纷纷柳絮狂。回首停鞭遥望处，烂银堆满卧龙冈。”

玄德回新野之后，光阴荏苒[7]，又早新春。乃令卜者揲蓍[8]，选择吉期，斋戒三日，薰沐更衣，再往卧龙冈谒孔明。关、张闻之不悦，遂一齐入谏玄德。正是：高贤未服英雄志，屈节偏生杰士疑。未知其言若何，下文便晓。

却说玄德访孔明两次不遇，欲再往访之。关公曰：“兄长两次亲往拜谒，其礼太过矣。想诸葛亮有虚名而无实学，故避而不敢见。兄何惑于斯人之甚也！”

玄德曰：“不然，昔齐桓公欲见东郭野人，五反而方得一面。况吾欲见大贤耶？”

张飞曰：“哥哥差矣。量此村夫，何足为大贤；今番不须哥哥去；他如不来，我只用一条麻绳缚将来！”

玄德叱曰：“汝岂不闻周文王谒姜子牙之事乎？文王且如此敬贤，汝何太无礼！今番汝休去，我自与云长去。”

飞曰：“既两位哥哥都去，小弟如何落后！”玄德曰：“汝若同往，不可失礼。”飞应诺。

于是三人乘马引从者往隆中。离草庐半里之外，玄德便下马步行，正遇诸葛均。玄德忙施礼，问曰：“令兄在庄否？”均曰：“昨暮方归。将军今日可与相见。”言罢，飘然自去。玄德曰：“今番侥幸得见先生矣！”张飞曰：“此人无礼！便引我等到庄也不妨，何故竟自去了！”玄德曰：“彼各有事，岂可相强。”

三人来到庄前叩门，童子开门出问。玄德曰："有劳仙童转报：刘备专来拜见先生。"童子曰："今日先生虽在家，但今在草堂上昼寝未醒。"玄德曰："既如此，且休通报。"分付关、张二人，只在门首等着。

玄德徐步而入，见先生仰卧于草堂几席之上。玄德拱立阶下。半晌，先生未醒。关、张在外立久，不见动静，入见玄德犹然侍立。张飞大怒，谓云长曰："这先生如何傲慢！见我哥哥侍立阶下，他竟高卧，推睡不起！等我去屋后放一把火，看他起不起！"云长再三劝住。玄德仍命二人出门外等候。

望堂上时，见先生翻身将起，忽又朝里壁睡着。童子欲报。玄德曰："且勿惊动。"又立了一个时辰，孔明才醒，口吟诗曰："大梦谁先觉？平生我自知。草堂春睡足，窗外日迟迟。"孔明吟罢，翻身问童子曰："有俗客来否？"童子曰："刘皇叔在此，立候多时。"孔明乃起身曰："何不早报！尚容更衣。"遂转入后堂。又半晌，方整衣冠出迎。

玄德见孔明身长八尺，面如冠玉，头戴纶巾，身披鹤氅[9]，飘飘然有神仙之概。

玄德下拜曰："汉室末胄、涿郡愚夫，久闻先生大名，如雷贯耳。昨两次晋谒，不得一见，已书贱名于文几，未审得入览否？"

孔明曰："南阳野人，疏懒性成，屡蒙将军枉临，不胜愧赧。"

二人叙礼毕，分宾主而坐，童子献茶。

茶罢，孔明曰："昨观书意，足见将军忧民忧国之心；但恨亮年幼才疏，有误下问。"

玄德曰："司马德操之言，徐元直之语，岂虚谈哉？望先生不弃鄙贱，曲赐教诲。"

孔明曰："德操、元直，世之高士。亮乃一耕夫耳，安敢谈天下事？二公谬举矣。将军奈何舍美玉而求顽石乎？"

玄德曰："大丈夫抱经世奇才，岂可空老于林泉之下？愿先生以天下苍生为念，开备愚鲁而赐教。"

孔明笑曰："愿闻将军之志。"

玄德屏人促席而告曰："汉室倾颓，奸臣窃命，备不量力，欲伸大义于天下，而智术浅短，迄无所就。惟先生开其愚而拯其厄，实为万幸！"

孔明曰："自董卓造逆以来，天下豪杰并起。曹操势不及袁绍，而竟能克绍者，非唯天时，抑亦人谋也。今操已拥百万之众，挟天子以令诸侯，此诚不可与争锋。孙权据有江东，已历三世，国险而民附，此可用为援而不可图也。荆州北据汉、沔，利尽南海，东连吴会，西通巴、蜀，此用武之地，非其主不能守；是殆天所以资将军，将军岂有意乎？益州险塞，沃野千里，天府之国，高祖因之以成帝业；今刘璋暗弱，民殷国富，而不知存恤，智能之士，思得明君。将军既帝室之胄，信义著于四海，总揽英雄，思贤如渴，若跨有荆、益，保其岩阻，西和诸戎，南抚彝、越，外结孙权，内修政理；待天下有变，则命一上将将荆州之兵以向宛、洛，将军身率益州之众以出秦川，百姓有不箪食壶浆以迎将军者乎？诚如是，则大业可成，汉室可兴矣。此亮所以为将军谋者也。惟将军图之。”

言罢，命童子取出画一轴，挂于中堂，指谓玄德曰：“此西川五十四州之图也。将军欲成霸业，北让曹操占天时，南让孙权占地利，将军可占人和。先取荆州为家，后即取西川建基业，以成鼎足之势，然后可图中原也。”

玄德闻言，避席拱手谢曰：“先生之言，顿开茅塞，使备如拨云雾而睹青天。但荆州刘表、益州刘璋，皆汉室宗亲，备安忍夺之？”

孔明曰：“亮夜观天象，刘表不久人世；刘璋非立业之主；久后必归将军。”

玄德闻言，顿首拜谢。只这一席话，乃孔明未出茅庐，已知三分天下，真万古之人不及也！后人有诗赞曰：“豫州当日叹孤穷，何幸南阳有卧龙！欲识他年分鼎处，先生笑指画图中。”

玄德拜请孔明曰：“备虽名微德薄，愿先生不弃鄙贱，出山相助。备当拱听明诲。”

孔明曰：“亮久乐耕锄，懒于应世，不能奉命。”

玄德泣曰：“先生不出，如苍生何！”言毕，泪沾袍袖，衣襟尽湿。

孔明见其意甚诚，乃曰：“将军既不相弃，愿效犬马之劳。”

玄德大喜，遂命关、张入，拜献金麻礼物。孔明固辞不受。玄德曰：“此非聘大贤之礼，但表刘备寸心耳。”孔明方受。于是玄德等在庄中共宿一宵。

次日，诸葛均回，孔明嘱付曰："吾受刘皇叔三顾之恩，不容不出。汝可躬耕于此，勿得荒芜田亩。待我功成之日，即当归隐。"

后人有诗叹曰："身未升腾思退步，功成应忆去时言。只因先主丁宁后，星落秋风五丈原。"

又有古风一篇曰："高皇手提三尺雪，芒砀白蛇夜流血；平秦灭楚入咸阳，二百年前几断绝。大哉光武兴洛阳，传至桓灵又崩裂；献帝迁都幸许昌，纷纷四海生豪杰：曹操专权得天时，江东孙氏开鸿业；孤穷玄德走天下，独居新野愁民厄。南阳卧龙有大志，腹内雄兵分正奇；只因徐庶临行语，茅庐三顾心相知。先生尔时年三九，收拾琴书离陇亩[10]；先取荆州后取川，大展经纶补天手；纵横舌上鼓风雷，谈笑胸中换星斗；龙骧虎视安乾坤，万古千秋名不朽！"

玄德等三人别了诸葛均，与孔明同归新野。玄德待孔明如师，食则同桌，寝则同榻，终日共论天下之事。

（节选自《三国演义》第三十七、三十八回）

注释

[1] 道貌：清雅飘逸的风貌。

[2] 陵替：衰败。

[3] 吕望之大才：吕望即姜子牙，商末周初战略家，协助周文王、周武王完成灭商兴周大业。

[4] 子房之鸿略：子房即张良，秦末汉初战略家，协助刘邦灭秦灭项羽，建立大汉王朝。

[5] 鄙悃（kǔn）：鄙是谦词，指自己；悃：诚恳，诚意。

[6] 悒怏（yì yàng）：忧郁不快。

[7] 荏苒（rěn rǎn）：形容时间的流逝。荏：一年生草本植物，茎方形，叶椭圆形，有锯齿，开白色小花，种子通称“苏子”，可榨油；嫩叶可食。

[8] 揲蓍（shé shī）：古代数蓍草以占卜吉凶。

[9] 鹤氅（chǎng）：氅是大衣。古人用鹤类水鸟羽毛装饰衣服和旗幡，鹤氅就是带有鹤羽装饰的大衣。

[10] 陇亩（lǒng mǔ）：田地。

参考译文

本文为白话文，译文略。

赏析与写作指导

《三国演义》中的对比

刘备三顾茅庐，请诸葛亮出山共创大业，是千古佳话。陈寿《三国志·诸葛亮传》中，只写了“由是先主遂诣亮，凡三往，乃见”。算是一笔带过，《先主传》中则只字未提。罗贯中却对此大加铺排，曲曲折折写了两回。

为什么呢？第一，罗贯中设定刘备为多国纷争中正统、正义一方，重视贤才历来是圣君明主的特点之一，他要通过三顾茅庐，表彰刘备是个圣君明主。第二，刘备势单力薄，很难在多国纷争中找到发展空间，诸葛亮的隆中对，给刘备规划了先夺荆州（一步），再取成都（二步），再图一统天下（三步）的三步战略，这个战略是刘备日后整个事业的指针。

基于这两点，三顾茅庐在蜀国建国和联吴抗曹达成三国鼎立格局方面，具有十分重大的意义。罗贯中浓墨重彩描述三顾茅庐，极具洞察力。

《三顾茅庐天下计》，最突出的表现手法就是对比。全文有如下几重对比关系：

刘备求贤若渴的急切心态与曲折过程形成对比；

刘备求贤诚恳之心与张飞反复泼冷水形成对比；

石广元、孟公威的不问世事与诸葛亮的洞察时势形成对比；

刘备的回天乏术与诸葛亮的胸有韬略形成对比。

整部《三国演义》充满了各种各样的复杂对比。

罗贯中以刘备为挽救天下、延续汉祚的大英雄，在多方角逐中，他代表着正统和正义。但在情节叙述过程中，刘备却是个有德乏才的形象，没有开拓局面、驾驭天下的政治才干，更别说雄才大略了。名与实的矛盾，形成了一重对比。

对曹操的品德和行为，《三国演义》刻意批评和否定，作者将他定位为篡权乱国、横征暴敛的奸雄。可在叙述曹操故事时，却掩饰不住地显示了他的辽阔胸怀和雄才大略。这还是对比。

延伸知识

小说地位的变迁

中国古代，诗歌和散文（包括论文）是主流文体，小说乃下里巴人所为，作者没有社会地位。官场人即使有文学志趣，也只能写点纪晓岚《阅微草堂笔记》那样的笔记体作品。如《三国演义》这般小说巨构，只有无官一身轻的草野之人才有时间经营之。

直到清朝末期，中国出现报纸，小说借助报纸传播具有较广市场，文化地位也有所提高，小说家地位也跟着有所提高。五四运动前后，中国新文学运动勃兴，小说叙事方式发展极快，能包容社会现实内容，显示了参与社会思潮、沟通社会认知的威力，终于超过诗歌、散文，成为新文学史上的主流文体。

一部中国新文学史（五四运动至今），具有重要文学地位的作家，大多是小说家：鲁迅、矛盾、老舍、蒋光慈、赵树理、丁玲、巴金、周立波、姚雪垠、杨沫、梁斌、柳青等。作为学术著作的文学史，被他们占了最大篇幅。从事诗歌、散文创作的文学家，影响力无法跟小说家比，广为人知的只有郭沫若、艾青、徐志摩、穆旦、周作人等少数几人。连写作《黄河大合唱》的张光年、写作国歌的田汉，知名度都不高。这有点不公平，但这是由文化风尚自然形成的。

副课文

越过西人谋自强

然则西人曷为为此言？曰：嗟乎！狡焉思启封疆以灭社稷者，何国蔑有？吾深惑乎吾国之所谓开新党者，何以于西人之言，辄深信谨奉，而不敢一致疑也。西人之政事，可以行于中国者，若练兵也，置械也，铁路也，轮船也，开矿也。西官之在中国者，内焉聒（guō，多言）之于吾政府，外焉聒之于吾有司，非一日也。若变科举也，兴学校也，改官制也，兴工艺开机器厂也，奖农事也，拓商务也，吾未见西人之为我一言也。是何也？

练兵，而将帅之才必取于彼焉；置械，而船舰枪炮之值必归于彼焉；通轮船铁路，而内地之商务，彼得流通焉；开矿，而地中之蓄藏，彼得染指焉。且有一兴作，而一切工料，一切匠作，无不仰给之于彼。彼之士民，得以养焉。以故铁路开矿诸事，其在中国，不得谓非急务也。然自西人言之，则其为中国谋者十之一，自为谋者十之九。

若乃科举、学校、官制、工艺、农事、商务等，斯乃立国之元气，而致强之本原也。使西人而利吾之智且强也，宜其披肝沥胆，日日言之。今夫彼之所以得操大权，沾大利于中国者，以吾之弱也，愚也。而乌肯举彼之所以智所以强之道，而一以畀（bì，给予）我也？

恫乎英士李提摩太（英国来华传教士）之言也，曰："西官之为中国谋者，实以保护本国之权利耳。余于光绪十年回英，默念华人博习西学之期，必已不远。因拟谒见英、法、德等国学部大臣，请示振兴新学之道，以储异日传播中华之用。迨至某国，投刺（名片）晋谒其学部某大臣，叩问学校新规，并请给一文凭，俾（bǐ，使）得遍游全国大书院。大臣因问余考察本国新学之意，余实对曰：'欲以传诸中华也。'语未竟，大臣艴（fú，生气）然变色曰：'汝教华人尽明西学，其如我国何？其如我与各国何？'文凭遂不可得。"又曰："西人之见华官，每以谀词献媚，曰：'贵国学问，实为各国之首。'以骄其自以为是之心，而坚其藐视新学之志，必使无以自强而后已。"

今夫李君，亦西人也。其必非为谰言以污蔑西人，无可疑也。而其言若此，吾欲我政府有司之与西人酬酢（chóu zuò，交往）者，一审此言也。

——〔清〕梁启超《变法通议·论变法不知本原之害》

思考与训练

1. 曹操的历史贡献和地位，历来有争议。请你搜集一些资料（除《三国演义》外，还有《三国志》，以及中国通史著作等），仔细研究一番，看看你会形成什么看法。

2. 刘备第二次造访未遇，给诸葛亮留下一纸便笺，写得气息酣畅、胸怀辽阔、心意诚恳、文采灿烂。请背诵之。

备久慕高名，两次晋谒，不遇空回，惆怅何似！窃念备汉朝苗裔，滥叨名爵，伏睹朝廷陵替（衰败），纲纪崩摧，群雄乱国，恶党欺君，备心胆俱裂。虽有匡济之诚，实乏经纶之策。仰望先生仁慈忠义，慨然展吕望之大才，施子房之鸿略，天下幸甚！社稷幸甚！先此布达，再容斋戒薰沐，特拜尊颜，面倾鄙悃。统希鉴原。

经部

第六课　好学辅仁

〔春秋〕孔子

何谓好学？好学的标准不是积累知识的多寡，而是修身进德、人格成长的效果几何。所以，孔子用来证明颜回最好学的两点证据——不迁怒、不贰过，都属于提高道德、发展人格层面。

人物故事

孔子（前551—前479）：祖籍宋国，生于鲁国。古代儒学集大成者，中国历史上影响最大的思想家、教育家。曾在鲁国担任过4年公职，官至大司寇。当时鲁国三桓（卿大夫孟孙氏、叔孙氏和季孙氏）擅权，公室衰弱。这种政治格局不合周礼。孔子想削弱三桓，强化鲁君权势，受到三桓的抵制。孔子无法继续履职，只好辞官去周游列国，试图到其他国家推行自己克己复礼、仁政爱民的政治主张。东奔西走14年，毫无所获，最后只好回到鲁国办学教书，并整理古代文献。传说古代六经诸如《周易》《春秋》《诗经》等都经过他的整理。《论语》成书于孔子身后，系孔子弟子和再传弟子记录孔子言论，结集为书。

汉代以后该书逐渐受到执政者重视，对中国历史文化和士大夫思想产生了巨大影响。宋以后有“半部论语治天下”的俗语。

主课文

子曰：“弟子[1]，入则孝，出则悌[2]，谨[3]而信[4]，泛爱众[5]，而亲[6]仁[7]。行有余力[8]，则以学文。”

子曰：“君子食无求饱，居无求安[9]，敏[10]于事而慎于言，就[11]有道而正[12]焉，可谓好学也已。”

哀公[13]问：“弟子孰为好学？”孔子对曰：“有颜回者好学，不迁怒[14]，不贰过[15]。不幸短命死矣。今也则亡，未闻好学者也。”

子夏曰：“百工[16]居肆[17]以成其事[18]，君子学以致[19]其道。”

子曰：“由也！女闻六言[20]六蔽[21]矣乎？”对曰：“未也。”“居[22]！吾语女。好仁不好学，其蔽也愚[23]；好知不好学，其蔽也荡[24]；好信不好学，其蔽也贼[25]；好直不好学，其蔽也绞[26]；好勇不好学，其蔽也乱[27]；好刚不好学，其蔽也狂[28]。”

（选自《论语》）

注释

[1] 弟子：士大夫群体的孩子。《礼记·内则》：“由命士以上，父子皆异宫。”命士，古代称受有爵命的士，汉王莽时代指俸禄

五百石之士。《汉书·王莽传中》:“更名秩百石曰庶士，三百石曰下士，四百石曰中士，五百石曰命士，六百石曰元士。”所谓“礼不下庶人”，古代礼是为命士以上的士大夫群体所设。

[2] 入则孝，出则悌：居家要对父母讲孝道，出外要敬爱兄长。入即入自家即居家，出即出门在外参与社会活动。

[3] 谨：小心谨慎。

[4] 信：言语真实，诚实。

[5] 众：庶民。《论语》中，“如有博施于民而能济众”“选于众，举皋陶……选于众，举伊尹”“君子尊贤而容众”“宽则得众，信则民任”等，其“众”均指庶民，相当于今世所谓“人民大众”。

[6] 亲：接近。

[7] 仁：仁德之人，即士大夫群体中之贤者。

[8] 余力：剩余的精力。朱熹曰:“力行而不学文，则无以考圣贤之法，识事埋之当然，而所行或出于私意。”

[9] 食无求饱，居无求安：饮食上不追求饱足。

[10] 敏：勤勉奋进。

[11] 就：接近、亲近。有道：得道者。《论语》中常以“道”“德”“仁”“贤”“圣”指代具有品德优势的人，并激励后学倾慕、亲近、学习这些具有品德优势的人。“泛爱众，而亲仁”中，“亲仁”即是一例。

[12] 正：动词，指正、纠正、扶正。亲近有道之人，日日受教，自然可以借助高人的知见和能量规范自己、教正自己。

［13］哀公：鲁哀公，鲁国第26任君主，承袭其父鲁定公担任君主，在位27年。

［14］迁怒：将愤怒宣泄到不相干的人身上，使人无辜受牵连，用以解脱自己应负的责任。

［15］不贰过：同样的错误不会犯第二遍，即知错必改。

［16］百工：从事各种手工业生产的手工人。

［17］肆：官府制造手工产品的场所。

［18］成其事：成就他们（百工）的产品制造。

［19］致：趋向、达到。

［20］六言：实为六德，此言字意为德。仁、知、信、直、勇、刚，乃六德也。

［21］蔽：缺陷。

［22］居：坐下。古人回答长者问话，必定起立，所以孔子让子由重新坐下。

［23］愚：迷惘，被愚弄。

［24］荡：无所执守、约束。智而奸邪，即为害也。

［25］贼：害。

［26］绞：尖刻伤人。

［27］乱：冲动莽撞，为害礼法。

［28］狂：轻狂顽劣。

参考译文

孔子说："士大夫的子弟，居家要对父母讲孝道，出外要敬爱兄长，说话办事应该谨慎可靠，对庶民百姓要有爱心，要亲近有仁德的贤者。履行自己的生活责任之外，还有多余的时间精力，再去学习书本上的知识。"

孔子说："君子饮食不追求饱足，居住不追求舒适，而是勤勉做事，不出妄言，亲近道行高的贤能人士，借他的知见和能量教正自己。懂得这样造就自己的人，就是真正的好学者。"

鲁哀公问孔子："你的弟子中，谁最好学？"孔子回答道："有个颜回，特别好学。他不会迁怒于他人，而是自己承担责任。他知错必改，绝不会重蹈旧辙。颜回不幸短命早逝了。现在没有像颜回这样学勤德高的弟子了。"

子夏说："各行业的工匠们常年坚守在工场，为的是造出各种器物，君子终生修学，为的是进德明道。"

孔子说："由，你听说过六言六蔽吗？"子路起立回答道："没有听说过。"孔子说："你坐下，我告诉你。好仁不好学，其缺陷是容易变得迷惘。好知不好学，其缺陷是容易变得放荡不羁；好信不好学，其缺陷是容易任侠逞能，违礼害义；好直不好学，其缺陷是容易尖刻伤人；好勇不好学，其缺陷是容易冲动莽撞，为害礼法；好刚不好学，其缺陷是容易变得轻狂顽劣。"

赏析与写作指导

排比与多层面思维

孔子主张有教无类，广招生徒，目的就是带领各阶层后生修身进德，造就大德大能。造就大德大能的目的又是什么呢？那就是承接尧舜道统，以仁义改造人心，以仁礼平定诸侯纷争，恢复周礼，重建万世太平。

在孔子看来，颜回已经成为这样的大德大才，俨然圣徒，可惜天不假年。其他学生，在为学修身方面，还没发展到颜回的境界，还难以指望他们脱颖而出，挽救天下。

可能有人以为，孔子乃大圣，责人一定苛严。其实孔子通达人情，胸怀宽广而温厚。一个人偶有过失，只要能够明察之、克服之，而不放任自己，反复犯错，依然堪称大德大才。这等于允许人们常有过错，只是要求同样的错误不能犯两次。圣徒颜回尚且如此，何况普通人呢！读书能够读到这一步，才是修成正果，才是真正的好学。

《论语》关注点是传播思想，撰写者一般不会刻意追求文体绚丽，辞章华彩。尽管如此，《论语》还是自然而然地表现了春秋时期中国士大夫言谈著述的文体光彩和魅力。

排比：那时华夏人的思维已十分发达，对重大问题都有多层面认识，阐述时具有严谨分类的特点，语言形式则出现排比。“君子食无求饱，居无求安，敏于事而慎于言，就有道而正焉，可谓好学也已。”铺排“食、居、事、言、道、学”六项。“好仁不好学，其蔽也愚；好知不好学，其蔽也荡；好信不好学，其蔽也贼；好直不好学，其蔽也绞；好勇不好学，其蔽也乱；好刚不好学，其蔽也狂。”则铺排六类十二项。后世楚辞汉赋之大肆铺排，于此可见端倪。

对偶：那时华夏人的思维颇知连类互动、相反相成，并举而言即成对偶。“百工如何，君子如何”“入如何，出如何”“食如何，居如何”“事如何，言如何”“道如何，学如何”，均为对偶。此种言语方式，后来发展为骈文，即使在散文中，这种句法也余韵犹存，已然成为中国书面语的血脉文心。

林则徐在《拟谕英吉利国王檄》中，批评英国毒贩贩卖鸦片的行为，“但知利己，不顾害人，乃天理所不容，人情所共愤”就有两组对偶句。

三国时期孔文举《荐祢衡表》，说祢衡“见善若惊，疾恶如仇”，就是对偶句。

唐代韩愈《御史台上论天旱人饥状》说饥民“弃子逐妻，以求口食，拆屋伐树，以纳税钱”，说自己“受恩思效，有见辄言”，都是对偶句。

今日流行的成语，对偶结构者特别多。“日新月异”，日新对月异；“众叛亲离”，众叛对亲离。比比皆是，不胜枚举。

延伸知识

孔子是头号学者

孔子是春秋末期天下第一大学者，知识储备最为丰富。不是因为后世敬其为圣人才夸大其成就，当时各诸侯国遇到不可理解的历史现象和自然现象，多次派使者去请教孔子，说明当时各国公认他是最博学的学者。

鲁哀公二年（前 494），吴国打败越国，拆毁会稽城，挖出一截大骨头，一车还装不下。大家不知道这骨头是怎么回事，就想起鲁国的孔子学问大，他一定会知道。吴国派人把骨头运到鲁国，请教孔子。孔子说："当年大禹治水成功以后，在会稽召集各部落领袖开会。所有的头人都来了，只有防风氏对大禹不服气，故意来晚了。大禹很生气，将他斩首示众。防风氏是个大个子，其一截骨头就可以装一车的。"

有一次，一只受伤的隼，掉落在陈国宫廷的院落里，身上还带着一根奇特的箭矢。箭头系制过的硬石头，箭杆则用一种陌生硬木做成。这种箭矢从未听说过，不知来自何方。陈湣公派人去请教孔子。

孔子说，这是肃慎人造的一种箭，叫楛矢石砮（nǔ），箭杆为楛木所制。当年周武王灭殷商，九夷百蛮都来庆贺朝贡，北方肃慎族进贡了这种箭。周武王将长女太姬嫁给妫（guī）满，分封在陈国，以奉祀虞舜，并把肃慎人所献楛矢石砮，赐给陈国。或许陈国的库房里，还能找到这种箭。陈湣公派人去国库寻找，果然从金柜中找到了这种楛矢石砮。

类似事件很多，孔子博学的名声也越来越大。

副课文

倔强不驯之气

诸位老弟足下：

六弟之信，乃一篇绝妙古文，排百（矫健）似昌黎（韩愈），拗很似半山（王安石）。予论古文，总须有倔强不驯之气，愈拗愈深之意，故于太史公（司马迁）外，独取昌黎、半山两家。论诗亦取傲兀不群者，论字亦然，每蓄此意而不轻谈。近得何子贞，意见极相合，偶谈一二句，两人相视而笑。不知六弟乃生成有此一支妙笔，往时见弟文亦无大奇特者，今观此信，然后知吾弟真不羁才也，欢喜无极！欢喜无极！凡兄所有志而力不能为者，吾弟皆为之可矣。

盖自西汉以至于今，识字之儒，约有三途：曰义理之学，曰考据之学，曰词章之学，各执一途，互相诋毁。兄之私意，以为义理之学最大。义理明则躬行有要，而经济有本。词章之学，亦民以发挥义理者也。考据之学，吾无取焉矣。此三途者，皆从事经史，各有门径。吾以为欲读经史，但当研究义理，则心一而不纷。是故经则专一经，史则专主义理，此皆守约之道，确乎不可易者也。

若夫经史而外，诸子百家，汗牛充栋，或欲阅之，但当读一人之专集，不当东翻西阅。如读《昌黎集》，则目之所见，耳之所闻，无非昌黎，以为天地间除《昌黎集》而外，更无别书也。此一集未读完，断断不换他集，亦专字诀也。六弟谨记之，读经读史读专集，讲义理之学，此有志者万不可易者也。圣人复起，必从吾言矣。然此亦仅为有大志者言之，若夫为科名之学，则要读四书文，读试律赋，头绪甚多。四弟九弟厚二弟天资较低，必须为科名之学，六弟既有大志，虽不科名可也。但当守一耐字诀耳。观来信言读《礼记疏》，似不能耐者，勉之勉之！

扶乩（jī）之事，全不足信。九弟总须立志读书，不必想及此等事。季弟一切，皆须听诸兄话。此次折弁（邮差）走甚急，不暇抄日记本，余容后告。

国藩手草（道光二十三年正月十六日）

——〔清〕曾国藩《曾国藩家书·劝学篇》

思考与训练

1.如果我们以“不迁怒、不贰过”自律，这种自我要求是太低还是太高？

思考与训练

2. 对偶结构的成语，比比皆是，下列成语大多数都是对偶结构（并列结构），但也夹杂着12个非对偶结构的成语。请仔细阅读分析，把12个非对偶结构的成语找出来。

调兵遣将、记忆犹新、枉费心机、继往开来、藏形匿影、草行露宿、茶余饭后、谄上欺下、长吁短叹、一丘之貉、得寸进尺、得心应手、挖空心思、顶天立地、斗鸡走狗、独断专行、独一无二、断编残简、堆金积玉、窈窕淑女、赤胆忠心、赤手空拳、崇论闳议、愁眉苦脸、出乖露丑、绞尽脑汁、出将入相、刀耕火种、刀光剑影、悲愤填膺、刀山火海、与虎谋皮、蹈常袭故、孤儿寡母、出头露面、衣冠禽兽、除暴安良、除旧布新、穿云裂石、春华秋实、春兰秋菊、春露秋霜、春蚓秋蛇、唇枪舌剑、此起彼伏、粗茶淡饭、粗服乱头、粗制滥造、翻山越岭、倾盆大雨、翻天覆地、翻箱倒柜等。

中国文化是一个堆金积玉的大宝藏，唯有废寝忘食、焚膏继晷地努力学习，才能得其要领。

第七课 好学得法

〔春秋〕孔子

学习是一种十分复杂的精神文化活动，虽废寝忘食、焚膏继晷，也未必就能达到理想效果。必须得法，才有最佳收获。何谓法？各人有各人的妙法，但也有一些大家都适合的大法。本文即是孔子根据自己的学习经验和教学经验，总结出来的学习方法，这就是大法。孔子是华夏历史上第一位名扬后世的教师，他的指点肯定是金玉良言。

人物故事

子贡（前 520—前 456）：即端木赐，复姓端木，名赐，字子贡。春秋末期卫国人（生于今河南鹤壁市浚县）。著名政治家、商人、外交家。17 岁拜孔子为师，深得孔学精髓，位列“孔门十哲”之一。被尊崇为“华夏第一儒商”。孔子周游列国，得其资助甚多。他口才杰出，办事通达，有纵横家风采。曾任鲁、卫两国之相。

子夏（前 507—？）：姓卜，名商，字子夏，后亦称卜子夏。春秋末晋国温（今河南温县）人。温为魏所灭，故也称魏人。

孔子著名弟子，“孔门十哲”之一。曾收魏文侯为徒，传授儒家学说。在孔子去世后几十年，办学成就与影响最为出色，对传播孔子学说起到关键作用。

主课文

子贡问曰：“孔文子[1]何以谓之‘文’也？”子曰：“敏而好学，不耻下问，是以谓之‘文’也。”

子曰：“三[2]人行，必有我师焉；择其善者而从[3]之，其不善者而改之。”

子[4]与人歌而善，必使反[5]之，而后和[6]之。

子夏曰：“日[7]知其所亡[8]，月无忘其所能[9]，可谓好学也已矣。”

子曰：“知之者[10]不如好之者，好之者不如乐之者。”

子曰：“饱食终日，无所用心，难矣哉！不有博弈[11]者乎？为之，犹贤乎已[12]。”

子曰：“学而不思则罔[13]，思而不学则殆[14]。”

（选自《论语》）

注释

[1] 孔文子：名圉（yǔ），卫国大夫。他聪明好学，且谦虚，死后，卫国国君赐予他“文”的谥号，后人称他为“孔文子”。

[2] 三：概数，泛指多人。

［3］从：跟从、模仿、学习。

［4］子：孔子。

［5］反：复。即重复唱之。

［6］和：应和，此处指跟着学唱。

［7］日：每天。

［8］所亡：所不知。

［9］所能：所知者。

［10］知之者：知，了解、学习；之，代指学问、道、事业、行为。

［11］博弈：古代游戏。清代刘宝楠《论语正义》云，博在古代是先掷采后下棋，后人改为只掷采不下棋，于是成为一种棋艺之外的游戏。弈则是下围棋。

［12］已：终止、放弃。

［13］罔：迷惘。

［14］殆：危险，疲惫，困惑。

参考译文

子贡请教孔子："孔文子凭什么博得了'文'的谥号？"孔子说："孔文子聪明且爱好学习，凡有不懂，能放下身（并且）不以向不如自己的人请教为耻辱，因此称他为'文'。"

孔子说："三五人相处或同行于道，其中必有可以作为我的老师的人。我选择他们的优点而追随、学习，对他们不符合道义的缺点则规避、改正。”

孔子跟别人一起唱歌，如果发现别人唱得好，一定要别人再唱一遍，自己跟着他学唱。

子夏说：“每天知道一些过去所不知道的新知识，每月不忘记（那些）所已经掌握的内容，能够这样可谓好学了。”

孔子说：“懂得学习的人不如爱好学习的人；爱好学习的人又不如以学习为乐的人。”

孔子说：“只爱吃饱喝足，心中毫无目标，啥事也不干，真太难了！不是还有博弈这类游戏吗？哪怕是用心于游戏，也比完全放弃、什么都不干好些啊。”

孔子说：“苦学典籍，却不思考，就会迷惘；成天思考，却不修习典籍，就会困惑。”

赏析与写作指导

生活即学习

学习不光是研究文献，而是随时随地都要有学习意识。那些没接触过文献的白丁，当学之，即孔文子不耻下问；平时交友当学之，故三人行必有我师；与朋友娱乐或闲处时，当学之。

此外，还必须把研究文献与现实思考结合起来，故当且学且思。

孔子是无处不学、无时不学、见人即学，才成就其博学。学习就是生活，生活就是学习。学习与生活，已经一体化。

延伸知识

把自己读到书里去

读书有二境界。一是把书读进自己肚子里，此好之者也。这样可以占有学问，驾驭学问，让学问为我所用。

二是把自己读到书里去，此乐之者也。只有把自己读到书里去，如痴如醉，才能把自己跟书融为一体，充分享受其中的光亮与芳香，才有最好的长进与升华。

当然，把自己读到书里之后，还必须能够出来，否则就被书吞噬了主体性，成为书奴，或曰书呆子。只有入而复出，才可以成为知识的主宰，才可以驾驭旧学，开创新学。

无论是把书读进肚子里，还是把自己读进书里，都需要下功夫。朱熹说："为学譬如熬肉，先须用猛火煮，然后用慢火温。"可见为学之初，下狠功夫何其重要。

曾国藩认为，没有用过猛火的人，学习恐怕难以进入理想状态，将来很可能一事无成。习者勉之勉之。

副课文

为学先须用猛火

四位老弟足下：

九弟行程，计此时可以到家；自任丘发信之后，至今未接到第二封信，不胜悬悬！不知道上有甚艰险否？四弟、六弟院试，计此时应有信，而折差（邮差）久不见来，实深悬望！

予身体较六弟在京时一样，总以耳鸣为苦。问之吴竹如云："只有静养一法，非药物所能为力。"而应酬日繁，予又素性浮躁，何能着实静养？拟搬进内城住，可省一半无谓之往还，现在尚未找得。予时时自悔，终未能洗涤自新。九弟归去之后，予定刚日（单日）读经，柔日（双日）读史之法，读经常懒散不沉着。读《后汉书》，现已丹笔点过(句读)八本，虽全不记忆，而较之去年读《前汉书》，领会较深。

吴竹如近日往来极密，来则作竟日谈，所言皆身心国家大道理。渠言有窦兰泉者，云南人，见道极精当平实，窦亦深知予者，彼此现尚未拜往。竹如必要予搬进城住，盖城内镜海先生可以师事，倭艮峰先生、窦兰泉可以友事，师友夹持，虽懦夫亦有立志。予思朱子言："为学譬如熬肉，先须用猛火煮，然后用慢火温。"予生平工夫，全未用猛火煮过，虽略有见识，乃是从悟境得来，偶用功，亦不过优游玩索已耳，如未沸之汤，遽用慢火温之，将愈煮愈不熟也。以是急思般进城内，屏除一切，从事于克己之学。

镜海、艮峰两先生，亦劝我急搬。而城外朋友，予亦有思常见者数人，如邵蕙西、吴子序、何子贞、陈岱云是也。蕙西常言与周公瑾交，如饮醇醪（chún láo，美酒）。我两个颇有此风味，故每见辄长谈不舍。子序之为人，予至今不能定其品，然识见最大且精，尝教我云："用功譬若掘井，与其多掘数井，而皆不及泉，何若老掘一井，力求及泉，而用之不竭乎？"此语正与予病相合，盖予所谓掘井而皆不及泉者也。

诸弟总须力图专业，如九弟志在习字，亦不尽废他业；但每日习字工夫，断不可不提起精神，随时随事，皆可触悟。四弟、六弟，吾不知其心有专嗜否？若志在穷经，则须专守一经。志在作制义（八股文），则须专看一家文稿。志在作古文，则须专看一家文集。作各体诗亦然，作试帖亦然，万不可以兼营并骛，兼营则必一无所能矣。切嘱切嘱！

千万千万！

此后写信来，诸弟各有专守之业，务须写明，且须详问极言，长篇累牍，使我读其手书，即可知其志向识见。凡专一业之人，必有心得，亦必有疑义。诸弟有心得，可以告我共赏之，有疑义，可以告我共析之。且书信既详，则四千里外之兄弟，不啻晤言一室，乐何如乎？

予生平伦常中，惟兄弟一伦，抱愧尤深！盖父亲以其所知者，尽以教我，而吾不能以吾所知者，尽教诸弟，是不孝之大者也！九弟在京年余，进益无多，每一念及，无地自容。嗣后我写诸弟信，总用此格纸，弟宜存留，每年装订成册，其中好处，万不可忽略看过。诸弟写信寄我，亦须用一色格纸，以便装订。

兄国藩手具（道光二十二年九月十八日）

——〔清〕曾国藩《曾国藩家书·劝学篇》

思考与训练

1. 博弈是一种游戏。孔子认为，哪怕玩个游戏，也比饱食终日、无所用心强。饱食终日、无所用心竟然如此可怕，你认同此说吗?

2. 副课文引述朱子话说：“为学譬如熬肉，先须用猛火煮，然后用慢火温。”你认为自己现在需要“猛火”还是“慢火”？如果需要“猛火”，你该如何配合?

第八课 天将降大任

〔战国〕孟子

题解

本文最打动人心的是“天将降大任于斯人也，必先苦其心志”这几句，也就是第二段。这是孟子给后人留下的励志名言，许多仁人志士以此为座右铭。有人指出，本文表现了一种至高无上的英雄观念、浓厚的生命悲剧意识，以及崇高的献身精神。

人物故事

孟子（约前372—约前289）：名轲，字子舆，战国时期邹国（今山东邹城市）人。著名思想家、儒学家，儒家学说主要代表人物之一。他是孔子之孙孔伋（子思）的再传弟子，是孔子学说的重要继承者和发展者，被后世称为“亚圣”。也曾如孔子那样周游列国，试图推行其仁政治国、贵民强国的政治思想，不被诸侯接受。晚年集中力量进行教育和著述，率学生万章共同写作《孟子》。他提出“性善论”“良知良能”“养心”“浩然之气”“民贵君轻”“大孝”等一系列重要命题，在儒学史上具有举足轻重地位。宋明以来，影响力不断增长，几与孔子并列。孔门儒学被称为“孔孟之道”。

主课文

舜发于畎亩[1]之中，傅说[2]举于版筑[3]之间，胶鬲[4]举于鱼盐之中，管夷吾[5]举于士[6]，孙叔敖[7]举于海，百里奚举于市[8]。

故天将降大任于斯人也，必先苦其心志，劳其筋骨，饿其体肤，空乏其身，行拂乱其所为，所以动心忍性，曾[9]益其所不能。

人恒过，然后能改。困于心，衡[10]于虑，而后作。征[11]于色，发于声，而后喻。

入则无法家拂士[12]，出则无敌国外患者，国恒亡。然后知生于忧患而死于安乐也。

（节选自《孟子·告子下》，标题为编者所加）

注释

[1] 畎（quǎn）亩：畎指田地间的沟，畎亩指田地、田间。

[2] 傅说（fù yuè）：商代武丁时人，曾为刑徒，在傅岩筑墙。传说武丁梦有圣人，名为“说”。乃于傅岩刑徒中得傅说，举以为相，国家太平昌盛。

[3] 版筑：筑土墙用的夹板和木杵。

[4] 胶鬲（gé）：商代纣王时人，曾以贩卖鱼、盐为生，周文王把他举荐给纣王，作为内应，后辅佐周武王治国。

[5] 管夷吾：管仲。当年齐桓公和公子纠争夺君位，管仲

跟随的公子纠失败。齐桓公要求鲁君杀死公子纠，把管仲押回自己处理。鲁君于是派狱囚管理者押管仲回齐国。齐桓公用管仲为宰相，齐国大治，称霸诸侯。

［6］士：上古掌刑狱之官曰士，此处指监狱管理者。

［7］孙叔敖：春秋时楚国隐士，隐居海边，被楚王发现后任为令尹（宰相）。

［8］百里奚举于市：春秋时贤人百里奚，流落在楚国，秦穆公用五张羊皮的价格把他买回，任为宰相，所以说“举于市”。

［9］曾：同“增”。

［10］衡：通“横”，指横塞。

［11］征：表征，表现。

［12］法家拂（bì）士：法家，有法度的大臣；拂，假借字，本字为“弼”，辅佐；拂士即辅国之士。

参考译文

舜从田野之中被任用，傅说从筑墙刑徒中脱颖而出，胶鬲被选拔于鱼盐小贩，管仲以囚犯身份受治国大命，孙叔敖从海边被发现，百里奚在羊皮交易市场而被举用。

所以，上天要将重大使命降落到某人身上，一定要先磨炼其意志，劳累其筋骨，使其肉体受饥饿之苦，精神受穷困潦倒、走投无路之痛，想摆脱绝境却一筹莫展。这种煎熬可以激发其心志，坚韧其性情，增长其才干。

人总是不断犯错，又不断改正。长期经受精神困苦、思虑深重的磨砺，才能造就大德大能。当其大德大能显露在表情上，表现于言谈中，然后才能被人了解。

一个国家，内没有干练大臣和得道贤士，外没有敌对国家的威胁与忧患，往往难以强盛而易于衰亡。由此可知，忧患使人奋发而生，安逸却使人享乐而亡。

赏析与写作指导

大任意识

本文虽短，却有四层意思。

第一层，大量列举古代圣贤绝境中崛起的例子，证明经天纬地的大才往往是走投无路时奋起的。

第二层，是本文中心，直接告诫人们，老天选中担当大任的人，一定会用严厉而残酷的方式来锻打你、锤炼你，甚至用灵与肉的痛苦来折磨你。言下之意，你的命运最终如何，取决于你能不能经受住这种严峻考验。

第三层，论证老天残酷锻打你、锤炼你的必要性，并暗示只要你能扛过摧折锻打，必将受到外界的了解和重用。

第四层，将个人命运与国家命运联系起来。老天这么锻打你造就你，不是为你个人着想而是为国着想。当你成为“法家”和“拂士”，国家就将长治久安。

层层深入，激励人们摆脱绝望情绪的纠缠，从绝境中挺起胸膛，朝着阳光灿烂的理想目标奋进不止。这就是大任意识。掩卷之余，作者已经把勇于经受磨难、担当国家大任的劝谕，送进了读者心中。

延伸知识

儒学史上里程碑

《孟子》一书，属语录体散文集，是孟子的言论汇编，由孟子及其弟子万章等人共同编写。《孟子》集中表现了孟子对于政治、哲学、伦理、社会、时代、人生的思考，是儒学史上具有里程碑意义的重要作品。

《孟子》中的言说，不像《论语》那么简短，一般都有讨论问题的背景，有比较充分的说理、论证过程。学习起来，比《论语》容易把握和领会。历经千年历史锤炼，后人认为，最能体现孔子儒学精神，并对孔子学说有所发展和突出的后世学者，首推孟子。

所以，人们将孟子与孔子并列，把孔孟看作代表儒学正统的两位最主要思想家，把儒学简称为“孔孟之道”。《孟子》也与《论语》《大学》《中庸》一起，被称作“四书”，享有与五经相当的崇高地位。

斟酌通变乃天道

法何以必变？凡在天地之间者，莫不变。昼夜变而成日，寒暑变而成岁。大地肇起，流质炎炎，热溶冰迁，累变而成地球。海草螺蛤、大木大鸟、飞鱼飞鼍（tuó）、袋兽脊兽，彼生此灭，更代迭变而成世界。紫血红血，流注体内，呼炭吸养，刻刻相续，一日千变，而成生人。

藉（jiè，假如）曰不变，则天地人类并时而息（终结）矣。故夫变者，古今之公理也。贡助之法变为租庸调，租庸调变为两税，两税变为一条鞭。井乘之法变为府兵，府兵变为彍骑（guō qí），彍骑变为禁军。学校升造之法变为荐辟（jiàn pì），荐辟变为九品中正，九品变为科目。上下千岁，无时不变，无事不变。

公理有固然，非夫人之为也。为不变之说者，动曰守古，守古。庸讵知自太古、上古、中古、近古以至今日，固已不知万百千变。今日所目为古法而守之者，其于古人之意，相去岂可以道里计哉！

今夫自然之变，天之道也，或变则善，或变则敝。有人道焉，则智者之所审也。语曰："学者上达，不学下达。"惟治亦然。委心任运，听其流变，则日趋于敝；振刷整顿，斟酌通变，则日趋于善。

——〔清〕梁启超《变法通议·序言》

思考与训练

1.历史上有大成就、大功德的人，真的如孟子言，都要经历那么深重的苦难和精神折磨吗？请选择三个历史名人（建议政治家、文学家、军事家各选一个），了解他们的成长、发展经历，看看他们的奋斗、磨砺、成功，是否符合孟子本文所言。

____

____

____

2.副课文《斟酌通变乃天道》指出："昼夜变而成日，寒暑变而成岁""自然之变，天之道也""斟酌通变，则日趋于善"。结合你对人类历史的了解，谈谈你对康有为、梁启超积极参与发动的戊戌变法运动的评价。

____

____

____

第九课 傲不可长

《礼记》

本文的主题在第一行已揭示，就是按照群体生活所需的游戏规则，克制自己的私欲，做一个守礼、遵道、重德的人，并忠实履行集体（国家、家族等）赋予自己的使命。

人物故事

作者佚名。《礼记》这部书，由汉代学者把以前不同时期许多学者记录礼制和阐述礼制的文章编集成书，那些作者遍布战国到秦汉各个时期，究竟是谁无法一一考证，只能说是集体作品。

西汉学者戴德选编的 85 篇本叫《大戴礼记》，到唐代只剩下了 39 篇。其侄子戴圣选编的 49 篇本叫《小戴礼记》，即今天通行的《礼记》。它是儒家最重要的经典，成为五经之一。

主课文

曲礼曰：敖[1]不可长，欲不可从[2]，志不可满，乐不可极。

夫礼者，所以定亲疏、决嫌疑、别同异、明是非也。

礼不妄说[3]人，不辞费。礼不逾节[4]，不侵侮，不好狎[5]。

修身践言，谓之善行；行修言道，礼之质也。

礼闻取于人[6]，不闻取人。

礼闻来学，不闻往教。

（节选自《礼记·曲礼》）

注释

[1] 敖：通“傲”，骄傲也。

[2] 从：通“纵”，放纵也。

[3] 说：通“悦”，取悦于人之意。

[4] 节：有节制，有限度。

[5] 狎：不恭敬的样子。

[6] 取于人：向人请教。

参考译文

《曲礼》曰：傲慢不可以膨胀，欲望不可以放纵，意志不可以自满，欢乐不可以走向极端。

礼是用来区分人与人的亲疏远近，判断事情之嫌疑，分辨物类的同异，明断道理的是非曲直的。

礼不是用来取悦人的，也不是空话连篇而不践履。守礼则行为不越轨，有节有度，不侵犯侮慢别人，也不故作亲近对人失去恭敬。

时常修己克私，实践自己的承诺和主张，这才算好品行；行为有节，言论合道，这就是礼的本质要求。

按照礼的精神，只听说愿学者主动登门求学，没听说知礼者主动上门去传授学问。

赏析与写作指导

社会共同体与共同幸福

礼是中国古代用以规范、协调阶级关系、政治关系、家族关系、伦理关系的一系列行为规范和思想观念的总称，是中国古代文化的核心内容。中国人的人文追求、政治观念、家族观念、人生观念、社会理想，都从这些行为规范体系中表现出来。

中国文化的一个基本倾向，是约束个人私心私欲，通过经营社会共同体（比如国家、政府、家族等）的共同幸福，来获得个人的幸福和尊严。所以，《礼记》开篇就针对个人指出："敖不可长，欲不可从，志不可满，乐不可极。"

古代的书，都是写给掌控国家权力的王公卿大夫看的，因为老百姓根本没机会参与讨论国家大事，也没机会识字。《礼记》一上来就对王公卿大夫说，敖不可长，欲不可从，志不可满，乐不可极，明确遏制他们的私心私欲，这在世界文明史上，是一件了不起的大事。

延伸知识

何谓四书五经

《礼记》在中国历史上影响特别大，是历代科举考试命题的来源之一，所以读书人没有不熟读《礼记》的。宋代学者程颐、程颢、朱熹等人认为，《礼记》中《大学》《中庸》两篇文章，特别能体现儒家精神，应该格外重视。于是详加注解，将其跟《论语》《孟子》并列，合称“四书”。这是四书的来历。此后四书就成为儒学的基础读物。

何谓五经呢？五经即《诗》《书》《礼》《易》《春秋》，是自从尧舜以来不断积累并流传下来的治国经典，到周代大致成型。原本有包括《乐经》在内的六经，至今讨论古学时，庄重场合下依然称六经。因为《乐经》失传，后世乃有五经之说。五经乃是进一步学习传统文化所必须接触的重点读物，也是深度读物。

今天所谓“四书五经”，即源于此。

副课文

《史记》不可不熟看

温甫六弟左右：

弟三月之信，所定功课太多，多则必不能专，万万不可。后信言已向陈季牧借《史记》，此不可不熟看之书。尔既看《史记》，则断不可看他书。功课无一定呆法，但须专耳。余从前教诸弟，常限以功课，近来觉限人以课程，往往强人以所难；苟其不愿，虽日日遵照限程，亦复无益，故近来教弟，但有一专字耳。专字之外，又有数语教弟，兹待将冷金笺(冷金纸)写出，弟可贴之座右，时时省览，并抄一付，寄家中三弟。

无论何书，总须从首至尾，通看一遍。不然，乱翻几页，摘抄几篇，而此书之大局精处，茫然不知也。学诗从《中州集》入亦好，然吾意读总集，不如读专集。此事人人意见各殊，嗜好不同。吾之嗜好，于五古则喜读《文选》，于七古则喜读《昌黎集》，于五律则喜读《杜集》，七律亦最喜《杜诗》。而苦不能步趋，故兼读《元遗山集》。

吾作诗最短于七律，他体皆有心得，惜京都无人可与畅语者。弟要学诗，先须看一家集，不要东翻西阅，先须学一体，不可各体同学。盖明一体，则皆明也。凌笛舟最善为诗律，若在省，弟可就之求教。习字临千字文亦可，但须有恒，每日临一百字，万万无间断，则数年必成书家矣，陈季牧多喜谈字，且深思善悟。吾见其寄岱云信，实能知写字之法，可爱可畏！弟可以从切磋，此等好学之友，愈多愈好。

国藩手草（道光二十三年六月初六日）

——〔清〕曾国藩《曾国藩家书·劝学篇》

思考与训练

1.“敖不可长，欲不可从，志不可满，乐不可极”，是修身克私的基本规范。你认为这是人人应该遵守的，还是只需某个小群体遵守？你认为自己需要遵守吗？你觉得做到这个要求是难是易？

____

____

____

2.“礼闻来学，不闻往教”似乎为文化传播制定了一条纪律。近代以来，有大量西方传教士来中国传播天主教和基督教，打破了“礼闻来学，不闻往教”的教条。你认为应该怎样评价传教士运动？

____

____

____

第十课 介君葛卢通牛鸣

〔春秋〕左丘明

本文最短，不足百字。文中两个信息值得关注，一是小国之君都得朝拜大国之君，拉关系，求保护。鲁国要朝拜晋国、楚国，晋楚强也，介国要朝拜鲁国，鲁国大也。二是介国国君葛卢，能从牛的鸣叫声中，听出它的遭遇和感伤。人与动物的信息交流，不亦奇乎。

人物故事

左丘明（前 502—前 422）：本名丘明，其先祖曾任楚国左史官，故称左丘明。鲁国太史，春秋末期著名史学家、思想家，著有《春秋左氏传》《国语》。据传左丘明曾与孔子一起赴周，研究过周王史书，故熟悉诸国史事，能理解孔子思想。《左传》记录了春秋时期各国大量史料，厥功至伟。本附骥于《春秋》而流传，后逐渐晋升为经书，跟《论语》《孟子》《礼记》一样跻身于十三经之列。司马迁以“左丘失明，厥有《国语》”鼓励自己忍辱负重著《史记》。

主课文

二十九年[1]春，介[2]葛卢[3]来朝，舍于昌衍[4]之上。公在会[5]，馈之刍米，礼也。

冬，介葛卢来，以未见公，故复来朝。礼之，加燕[6]好[7]。

介葛卢闻牛鸣，曰："是生三牺[8]，皆用之矣，其音[9]云。"问之而信。

（节选自《左传·僖公二十九年》）

注释

[1] 二十九年：前 631 年。

[2] 介：东夷小国，约在今山东胶县。

[3] 葛卢：介国国君之名。

[4] 昌衍：即今昌平山，在山东曲阜东南。

[5] 公在会：鲁僖公当时跟诸侯一起围攻中原许国。

[6] 燕：通"宴"，即宴礼。

[7] 好：上等财货。

[8] 牺：祭祀仪式上献给神灵的牲畜。

[9] 音：鸣叫声所表达的意味。

参考译文

鲁僖公二十九年春，介君葛卢来我国朝见，安排他住在昌衍山上。鲁僖公正跟诸侯一起围攻许国，朝中官员赠送介君干草粮食，这是依礼而行。

冬天，介君葛卢再次来朝，因为春天来朝未能见到僖公，所以再次来朝见。依礼招待，宴席上以上等礼品相赠。

介君葛卢听见牛鸣，说："这头牛生了三头小牛，都已在祭祀时用作牺牲，它的鸣叫声表达了这些意思。"一问执事者，果然如此。

赏析与写作指导

文宗史圣左丘明

本文不足百字，其核心内容，连标点符号只有30字。葛卢的判断，仅11字。鲁国方面对葛卢判断的考证，仅"问之而信"四字。谁去求证的，向谁调查的，当事人证词如何说的，全都省略，只告诉读者此事被证实了，的确如此了。左丘明文字之简洁，文风之质朴，文品之自然，由此可见。

左丘明被后世称为"文宗史圣""经臣史祖"，甚至被誉为"百家文字之宗、万世古文之祖"。这些名头可不是谀辞，而是如实表明了左丘明的重要成就和地位。

《左传》可能是中国历史上能考证确定作者的最早专著，也是中国文章源头之一。从唐到清，历代作家都有呼吁摒弃时文、学习古文者，所谓古文即是指六经、左丘明、司马迁等经典作品。

小国朝拜大国，既是出于地缘政治的需要，也符合周天子的制度安排。《礼记·王制》在讨论天子和诸侯封地面积及从属关系时，云：“天子之田方千里，公侯田方百里，伯七十里，子男五十里。不能五十里者，不合于天子，附于诸侯曰附庸。”那些面积小于方圆50里的小国，不用朝贡天子（恐怕连差旅费都负担不起），只要朝贡附近大国即可。

鲁国虽弱，但至少是地区性大国，周边还有邾国（后改名邹国）、曹国、薛国、郯国、莒国、介国等弹丸小国。这些小国都没有资格朝拜天子，必须求得鲁国的保护，才有太平日子。所谓小于方圆50里，面积比今天一个县还小很多，也就半个县吧。这么小的规模，要靠武力自立，根本不是大国对手，他们只能在政治上依附大国，才有安全可言。

葛卢朝拜鲁国时，赶上鲁君出国办外交，等了许久还没回来。葛卢只好先回国，到了冬天再来鲁国，终于见到鲁君。依附于人，不容易啊。

延伸知识

古人能通鸟兽言

介君葛卢懂牛鸣，今天看来很稀奇。在古代，这种跟动物、植物及自然界特亲近、有沟通、有感应的事情，并不罕见。仅因为发生在国君身上，左丘明就记了一笔。发生在普通人身上的，不知多少。

古人的生活方式，成天跟动植物在一起，所以了解特别深。

今天的城市居民，除了常吃的蔬菜外，恐怕只能认识十来种植物吧。即使是乡下农人，恐怕也只能叫上二三十种植物名字来。200 多年前，被白人称作“野生动物”的澳大利亚原住民，一个普通的氏族成员，能够认识 1000 多种植物，并且一一叫出名字。几千年前的中国人，一定也有这本事。有如此广泛的群众基础，某些有特殊悟性和禀赋者，能听懂鸟语畜鸣，也就不足为奇了。

据传孔子的女婿公冶长，就能听懂鸟语。还因此惹上麻烦。有一天他从河边经过，听见鸟群传递一个信息，说河边有肉吃。恰好遇见一个老妈子找儿子，他想老人家的失踪儿子，会不会死在河边，鸟吃肉吃的就是他？他好心地提醒说：“老人家，您到河边找找看吧。”老人家果然在河边找到了儿子的遗体，一些鸟正在吃儿子的肉。

官府因此怀疑公冶长杀害了老人家的儿子，将他抓捕起来。他当然不会认罪，可他说信息来自鸟语，官府也不敢相信。

有一天，两只鸟儿在监狱窗口聊天，公冶长一听，国家要出大事了。他赶紧向官府报告，把鸟语翻译成诗文：“齐人领兵侵我疆，沂水滨、沂山旁，赶紧派兵去抵挡。”官府半信半疑，但也不敢怠慢，赶紧报告国君。鲁君也是将信将疑，姑且派兵前往，果然发现齐兵来侵。官府由此相信公冶长真懂鸟语，真没杀人，不但释放了他，还加官晋爵。

后来，他的老师孔子说，公冶长虽然经受过牢狱之灾，但罪过不在他。孔子把自己的女儿嫁给了他。

副课文

强国不可委心异族

今之言变法者，其弊有二：其一，欲以震古铄今之事，责成于肉食官吏之手；其二，则以为黄种之人，无一可语，委心异族，有终焉之志。

夫当急则治标之时，吾固非谓西人之必不当用，虽然，则乌可以久也！中国之行新政也，用西人者，其事多成；不用西人者，其事多败。询其故，则曰："西人明达，华人固陋；西人奉法，华人营私也。"

吾闻之，日本变法之始，客卿之多，过于中国也。十年以后，按年裁减，至今一切省署，皆日人自任其事，欧洲之人，百不一存矣。

今中国之言变法，亦既数十年，而犹然借材异地，乃能图成，其可耻孰甚也。夫以西人而任中国之事，其爱中国与爱其国也孰愈？夫人而知之矣，况吾所用之西人，又未必为彼中之贤者乎！

若夫肉食官吏之不足任事，斯固然矣。虽然，吾固不尽为斯人咎也。帖括（代指科举）陋劣，国家本以此取之，一旦而责以经国之远猷（yóu，谋略），乌可得也！

捐例猥杂（wěi zá，琐碎繁杂），国家本以此市之，一旦而责以奉公之廉耻，乌可得也！

一人之身，忽焉而责以治民，忽焉而责以理财，又忽焉而责以治兵，欲其条理明澈，措置悉宜，乌可得也！

在在防弊，责任不专，一事必经数人，互相牵制，互相推诿，欲其有成，乌可得也！学校不以此教，察计不以此取，任此者弗赏，弗任者弗罚，欲其振厉，黾勉图功，乌可得也！

途壅俸薄，长官层累，非奔竞未由得官，非贪污无以谋食，欲其忍饥寒，蠲（juān）身家，以从事于公义，自非圣者，乌可得也！

今夫人之智愚贤不肖，不甚相远也。必谓西人皆智，而华人皆愚；西人皆贤，而华人皆不肖。虽五尺之童，犹知其非。然而西官之能任事也如彼，华官之不能任事也如此，故吾曰：不能尽为斯人咎也，法使然也。

立法善者，中人之性可以贤，中人之才可以智，不善者反是。塞其耳目而使之愚，缚其手足而驱之为不肖。故一旦有事，而无一人可为用也。不此之变，而鳃鳃然效西人之一二事，以云自强，无惑乎言变法数十年，而利未一见，弊已百出，反为守旧之徒，抵其隙而肆其口也。

——〔清〕梁启超《变法通议·论变法不知本原之害》

思考与训练

1. 你家养猫养狗了吗？你家窗外有鸟鸣吗？仔细观察某种动物的鸣叫，看看是否可以根据其声音、语气、神态，判断其喜怒哀乐等情绪倾向。

2. 副课文《强国不可委心异族》认为，中国要谋求新生，既不可指望官吏，也不可指望洋人异族。作者的看法正确吗？你认为应该指望谁呢？

史部

第十一课 皇帝名号起源

〔西汉〕司马迁

题解

秦始皇灭六国，使中国第一次进入统一状态，其贡献和功业超过一切往圣先贤。他想发明一个独一无二的名号，来凸显他的功业和尊贵。大臣所提方案，他都不满意，最后自己选定了一个称号——皇帝，获得大臣赞同。这就是中国历史上皇帝名号的起源。

人物故事

司马迁（约前 145—约前 90）：字子长，西汉史学家、文学家、思想家。汉武帝时期先后任郎中、太史令、中书令。在朝堂为李陵兵败投降匈奴仗义辩解，被汉武帝判死刑。司马迁为了继承父亲司马谈遗志，决意完成巨著《史记》，乃要求以宫刑取代死刑，忍辱负重活了下来。他把一生的抱负、屈辱、探索，跟中华民族 3000 年的奋斗、厮杀、建树融为一体，写出中国第一部纪传体通史著作《史记》。司马迁是汉前期百科全书式的大学者，《史记》是华夏几千年文明成就的结晶，它在史学史、文学史、思想史上，都具有举足轻重的地位。

秦始皇（前 259—前 210）：嬴姓，赵氏，名政，又名赵正（政）、秦政，或称祖龙。秦庄襄王之子。中国历史上著名的政治家、战略家、改革家，完成华夏大一统的铁腕政治人物，古老中华帝国的缔造者，中国版图格局和制度框架的缔造者，是中国历史上第一个称皇帝的君主。秦始皇出生于赵国都城邯郸，并在此度过了少年时期。13 岁即王位。22 岁在故都雍城举行国君成人加冕仪式，开始亲理朝政，除掉吕不韦、嫪毐等权臣，重用李斯、尉缭等能臣，展开了灭六国、谋兼并的大规模战争。39 岁完成了统一中国大业，建立起以汉族为主体的中央集权强大帝国——秦朝。

李斯（约前 284—前 208）：李氏，名斯，字通古。战国末期楚国上蔡（今河南省驻马店市上蔡县）人。协助秦始皇统一中国的伟大政治家，同时也是文学家和书法家。少从荀子学帝王之术，学成入秦，劝说秦王政灭诸侯、成帝业。秦王纳其计，任其为客卿。灭六国后，他反对分封制，坚持郡县制；建议拆除郡县城墙，销毁民间兵器；主张焚烧民间收藏的《诗》《书》等百家语，禁止私学，以加强中央集权。他参与制定法律，统一车轨、文字、度量衡制度。李斯的政治措施对中国和世界产生了深远的影响，奠定了中国 2000 多年政治制度的基本格局，堪称中华第一相。秦始皇驾崩后，李斯配合赵高搞政变，诛杀公子扶苏，拥立胡亥为二世。后被秦二世和赵高杀害。

主课文

秦初并天下，令丞相、御史[1]曰："异日韩王纳地效[2]玺，请为藩臣，已而倍约[3]，与赵、魏合从畔秦[4]，故兴兵诛之，虏其王。寡人以为善，庶几息兵革。赵王使其相李牧来约盟[5]，故归其质子。已而倍盟[6]，反我太原，故兴兵诛之，得其王。赵公子嘉乃自立为代王，故举兵击灭之。魏王始约服入秦[7]，已而与韩、赵谋袭秦，秦兵吏诛，遂破之。荆王献青阳[8]以西，已而畔约，击我南郡[9]，故发兵诛，得其王，遂定其荆地。燕王昏乱，其太子丹乃阴令荆轲为贼，兵吏诛，灭其国。齐王用后胜[10]计，绝秦使，欲为乱，兵吏诛，虏其王，平齐地。寡人以眇眇[11]之身，兴兵诛暴乱[12]，赖宗庙之灵，六王咸伏其辜，天下大定。今名号不更，无以称成功[13]，传后世。其议帝号。"

丞相绾、御史大夫劫、廷尉斯[14]等皆曰："昔者五帝[15]地方千里[16]，其外侯服夷服[17]，诸侯或朝或否[18]，天子不能制。今陛下兴义兵，诛残贼，平定天下，海内为郡县，法令由一统，自上古以来未尝有，五帝所不及。臣等谨与博士议曰：'古有天皇，有地皇，有泰皇，泰皇最贵。'臣等昧死上尊号，王为'泰皇'，命为'制'，令为'诏'，天子自称曰'朕'。"

王曰："去'泰'，著'皇'，采上古'帝'位号，号曰'皇帝'。他如议[19]。"

制曰："可。"

追尊庄襄王为太上皇。制曰："朕闻太古有号毋谥，中古有号，死而以行为谥。如此，则子议父，臣议君也，甚无谓，朕弗取焉。自今已来，除谥法。朕为始皇帝。后世以计数，二世三世至于万世，传之无穷。”

（节选自《史记·秦始皇本纪》）

注释

［1］御史：官名。全称御史大夫，官位相当于副丞相。

［2］效：献出。

［3］倍约：违背盟约。

［4］畔秦：背叛秦国。畔同“叛”。

［5］约盟：签约结盟，不相互侵略攻伐。

［6］倍盟：违背盟约的规定，不承认结盟关系。

［7］约服入秦：约好服从秦国，并来秦国朝觐。

［8］青阳：今湖南省长沙市。

［9］南郡：今湖北省荆州市。

［10］后胜：战国末期齐国宰相。秦国送重金给后胜，连后胜的宾客、仆从都能得到贿赂。后胜因此劝齐王依附秦国，不修战备，也不出兵援助受秦国侵略的其他国家。齐国内政混乱，军心懈怠，无人敢战，全国上下只会贪财追利。秦国灭其他五国之后，举兵向齐，齐不战而降，齐王被俘。

［11］眇眇：渺小。

［12］诛暴乱：诛杀暴乱。乃消灭六国的借口。秦王灭六国，

对六国来说是一种侵略。五国（齐国除外）的反抗都是正义的。当然，从历史大势来说，秦灭六国，实现了中国的统一，具有进步意义。

[13] 称成功：与成就的功业相匹配。

[14] 丞相绾、御史大夫劫、廷尉斯：丞相王绾、御史大夫冯劫、廷尉李斯，当时朝廷几位主要官员。

[15] 五帝：黄帝、颛顼、喾、尧、舜。他们治理中国的理念和效果，获得后世一致称赞，在中国政治史上享有至高无上地位。

[16] 地方千里：国土方圆千里。地、方是两个词。

[17] 侯服夷服：古人将天子直接统治地区称为王畿，其他地区按距离远近分为九服。《周礼·夏官·职方氏》："乃辨九服之邦国：方千里曰王畿，其外方五百里曰侯服，又其外方五百里曰甸服，又其外方五百里曰男服，又其外方五百里曰采服，又其外方五百里曰卫服，又其外方五百里曰蛮服，又其外方五百里曰夷服，又其外方五百里曰镇服，又其外方五百里曰藩服。"侯服第一等，夷服第七等。

[18] 或朝或否：有的臣服而朝觐，有的不臣服不朝觐。

[19] 如议：认可朝议时所表达的意见。

参考译文

秦王刚兼并天下，下令丞相、御史说："当初韩王交土地，献印玺，愿成藩臣，不久背约，与赵国、魏国联合背叛秦国，所以我兴兵讨伐，俘虏其王。我以为完成此事，可以不再兴兵了。赵王派丞相李牧来签盟约，所以送回了他做人质的儿子。不久赵国违背盟约，攻打我太原。我兴兵荡平，俘虏其王。赵国公子嘉自立为代王，所以我发兵灭他。魏王一开始臣服秦国，不久与韩国、赵国阴谋袭击秦国。秦国吏卒前往讨伐，摧毁了魏国。荆王献纳青阳以西的土地，不久违背约定，进攻我国南郡，所以我发兵讨伐，捕获荆王，于是平定荆地。燕王昏聩，太子丹暗中指使荆轲行刺，秦国吏卒前去讨伐，灭了燕国。齐王用后胜之计，不让秦国使者入齐，打算兴兵作乱。我派吏卒去讨伐，俘虏其王，平定齐地。我这微不足道的人，发兵诛暴讨乱，靠祖先宗庙之威灵，六王都已各服其罪，天下完全平定。现在还沿用旧名号，就不能与前所未有的功业相匹配，传给后代。希望讨论一下帝王的名号。”

丞相王绾、御史大夫冯劫、廷尉李斯等都说：“过去五帝辖区千里见方，王畿之外的侯服、夷服，区分九等，有的诸侯朝贡，有的诸侯不朝贡，天子不能控制。现在陛下调遣义军，诛暴讨贼，平定四海，设置郡县，统一法令，上古以来没有如此盛世，五帝也望尘莫及。我们和博士认真讨论，都说：‘古代有天皇，有地皇，有泰皇，泰皇最高贵。’我们冒着死罪献上尊号，王称为‘泰皇’，天子之命称为‘制’，天子之令称为‘诏’，天子自称为‘朕’。”

秦王说：“去掉‘泰’字，留下‘皇’字，采用上古表示地位称号的‘帝’字，叫作‘皇帝’。其他议定均可。”

皇帝下令说：“朝议所决，均可。”

追尊庄襄王为太上皇。皇帝下令说：“我听说远古有名号，没有谥号，中古有名号，死后根据生前行迹确定谥号。这样就是儿子议论父亲，臣子议论君王了，甚感不妥，不可取法。从此以后，废除谥法。我是始皇帝。子孙后代按顺序沿袭，从二世、三世直到万世，传承无穷。”

赏析与写作指导

秦始皇的名号与功业

在尽灭六国、江山一统之后，秦始皇举行朝议，组织百官讨论帝王名号。他首先回顾灭六国的过程，用以证明自己创立的功业震古烁今。这个过程，对六国来说备受欺凌，犹如万箭穿心，痛苦万端；可对秦国来说，其跌宕起伏，损兵折将，也堪称艰难万状。由此提出需要给江山一统的帝王发明一个至高无上的名号，以便与这史无前例的功业相匹配。“寡人以眇眇之身，兴兵诛暴乱，赖宗庙之灵，六王咸伏其辜，天下大定。今名号不更，无以称成功，传后世。其议帝号。”这是此次朝议的重点所在。

在场僚佐都是帮助秦始皇完成一统天下功业的人，巨大的光荣与利益也有他们一份，当然赞成秦始皇的提议。他们对秦始皇的呼应非常到位。“昔者五帝地方千里，其外侯服夷服，诸侯或朝或否，天子不能制。今陛下兴义兵，诛残贼，平定天下，海内为郡县，法令由一统，自上古以来未尝有，五帝所不及。臣等谨与博士议曰：‘古有天皇，有地皇，有泰皇，泰皇最贵。’臣等昧死上尊号，王为‘泰皇’，命为‘制’，令为‘诏’，天子自称曰‘朕’。”从此言来看，在朝议之前，丞相、御史大夫、廷尉几个主要辅臣已经跟满腹经纶的博士们探讨过，还达成了一致意见，就是以“泰皇”为帝王名号。

秦始皇对辅臣的态度肯定很满意，但对他们提的方案不感兴趣。只好把自己选择好的名号告诉大家。“去‘泰’，著‘皇’，采上古‘帝’位号，号曰‘皇帝’。他如议。”他修正了不满意的部分，认可了合适的部分。事情就这么定了，皆大欢喜。

行文按照时间顺序和朝议进展，步步推进。名号虽只是个称呼，是个形式，但是，中国后来一直按照秦始皇创建的郡县制大一统国家的政治框架发展演进，后世君王也一直沿用秦始皇为自己选定的尊贵名号，所以，这次朝议和这个名号，都成为中国政治史上开创新纪元的重大事件。

秦始皇多说了一句话：“朕为始皇帝。后世以计数，二世三世至于万世，传之无穷。”由于秦政权二世而亡，此话被后世君子嘲笑了2000多年。人在踌躇满志时，说句过头话不足为怪。他的名号，与其功业完全匹配，毫无夸张之处。何况，换一个角度看，秦始皇此话既不荒谬，也未落空，只是承袭其君位的不是秦始皇嫡裔，而是其他族姓，终究都是黄帝一身下来的华夏子孙啊。

我们天天说自己是炎黄子孙和尧舜传人，实际上没几个人是炎黄尧舜的嫡裔。其实我们也可说是秦始皇的子孙和传人，是不是嫡裔无关紧要，传承其历史创造和伟大功业才最为重要。

延伸知识

何谓三皇五帝

战国时期，把中国远古最尊贵的政治领袖，分别命名为三皇五帝。

三皇：燧人氏（燧皇）、伏羲氏（羲皇）、神农氏（农皇）。

五帝：黄帝、颛顼、帝喾、尧帝、舜帝。

他们是传说中中华文明的开创者。

皇和帝本来都是指天地万物的创造者和主宰者，那是神。把它作为人间政治领袖的名号，表示政治领袖具有神一样的高品大能。

秦始皇第一次将“皇”与“帝”合起来作为自己的称号，的确能够最大限度地凸显人间王的尊贵和大能。

副课文

老年与少年

日本人之称我中国也，一则曰老大帝国，再则曰老大帝国。是语也，盖袭译欧西人之言也。呜呼！我中国其果老大矣乎？

任公曰：恶，是何言！是何言！吾心目中有一少年中国在。

欲言国之老少，请先言人之老少。老年人常思既往，少年人常思将来。惟思既往也，故生留恋心，惟思将来也，故生希望心。惟留恋也，故保守，惟希望也，故进取。惟保守也，故永旧。惟进取也，故日新。惟思既往也，事事皆其所已经者，故惟知照例。惟思将来也，事事皆其所未经者，故常敢破格。

老年人常多忧虑，少年人常好行乐。惟多忧也，故灰心。惟行乐也，故盛气。惟灰心也，故怯懦。惟盛气也，故豪壮。惟怯懦也，故苟且。惟豪壮也，故冒险。惟苟且也，故能灭世界。惟冒险也，故能造世界。

老年人常厌事，少年人常喜事。惟厌事也，故常觉一切事无可为者；惟好事也，故常觉一切事无不可为者。老年人如夕照，少年人如朝阳；老年人如瘠牛，少年人如乳虎；老年人如僧，少年人如侠；老年人如字典，少年人如戏文；老年人如鸦片烟，少年人如泼兰地酒；老年人如别行星之陨石，少年人如大洋海之珊瑚岛；老年人如埃及沙漠之金字塔，少年人如西伯利亚之铁路；老年人如秋后之柳，少年人如春前之草；老年人如死海之潴（zhū）为泽，少年人如长江之初发源。此老年与少年性格不同之大略也。任公曰：人固有之，国亦宜然。

——〔清〕梁启超《少年中国说》

思考与训练

1. 北京有个历代帝王庙，在这个帝王庙中，中国第一个皇帝秦始皇却没有牌位，你知道为什么会这样吗？你认为这样对待秦始皇公正吗？合理吗？

____

____

____

2. 文言文省略主语的情况比较多，读者必须于此留心。细读主课文中如下句子，在括号内填写相关动作行为的主语。

异日韩王纳地效玺，（　　）请为藩臣，（　　）已而倍约，（　　）与赵、魏合从畔秦，（　　）故兴兵诛之，（　　）虏其王。寡人以为善，庶几息兵革。赵王使其相李牧来约盟，（　　）故归其质子。（　　）已而倍盟，（　　）反我太原，（　　）故兴兵诛之，（　　）得其王。赵公子嘉乃自立为代王，（　　）故举兵击灭之。

第十二课 萧何荐韩信

〔西汉〕司马迁

萧何追回逃亡的韩信，强力举荐韩信担任汉军大将军，表现了他对人才的极度钟爱和重视，以及对汉家兴国大业的高度责任感。

人物故事

萧何（前257—前193）：沛县丰邑人，早年任沛县县吏。西汉政治家，刘邦兴汉的主要助手。起事后随刘邦入关中。进入咸阳时，别人抢财宝美女，独他着意保护丞相府、御史府律令、图书，由此掌握全国各地户口土地、山川险隘，对经略汉中、支持灭楚战争及日后治理天下，起了关键作用。他力荐韩信为汉军大将，对平定全国、消灭楚军起了决定性作用。灭楚之后，刘邦在洛阳论功行赏，封侯赐爵，大家公认萧何有辅佐兴汉首功，封他为酂侯，食邑最多，被称为“开国第一侯”，官至宰相、相国。其父子兄弟封侯者十余人。

韩信（约前231—前196）：淮阴（今江苏淮安市淮阴区）人，与萧何、张良并称“兴汉三杰”，与彭越、英布并称“兴汉三大将”。中国历史上最杰出的军事家之一，堪与白起、王翦、李牧、廉颇相比美。在楚汉战争中，韩信连续攻克魏、代、赵、燕、齐广大地区，在齐国全歼20万楚军。最后率军会师垓下，围歼项羽并灭楚。先后被封为齐王、楚王、淮阴侯。战争结束后，他桀骜不驯，意图谋反。萧何作为韩信的伯乐，却不得不配合吕后将其诛杀。司马迁说他的贡献就像周朝的周公、召公、姜太公那么大，可惜晚节不保，自食其果。

主课文

韩信数与萧何语，何奇之[1]。至南郑[2]，诸将行道亡者数十人。信度何等已数言上，上不我用，即亡。

何闻信亡，不及以闻[3]，自追之。人有言上曰:“丞相何亡。”上大怒，如失左右手。居一二日，何来谒上，上且怒且喜，骂何曰:“若亡[4]，何也？”何曰:“臣不敢亡也，臣追亡者。”上曰:“若所追者谁何？”曰:“韩信也。”上复骂曰:“诸将亡者以十数，公无所追；追信，诈也[5]。”

何曰:“诸将易得耳。至如信者，国士[6]无双。王必欲长王汉中，无所事信[7]；必欲争天下，非信无所与计事者[8]。顾王策安所决[9]耳。”王曰:“吾亦欲东[10]耳，安能郁郁久居此乎？”何曰:“王计必欲东，能用信，信即留；不能用，信终亡耳。”王曰:“吾为公以为将[11]。”何曰:“虽为将，信必不留。”王曰:“以为大将。”何曰:“幸甚。”于是王欲召信拜之。

何曰："王素慢无礼[12]，今拜大将如呼小儿耳，此乃信所以去也。王必欲拜之，择良日，斋戒，设坛场，具礼，乃可耳。"王许之。诸将皆喜，人人各自以为得大将。

至拜大将，乃韩信也，一军皆惊。

（节选自《史记·淮阴侯列传》）

注释

[1] 奇之：奇为意动用法，以他为奇才。

[2] 南郑：汉中盆地的战略要地，今为陕西省汉中市南郑区。刘邦被项羽封为汉王，封地即汉中平原。刘邦在这里伺机而动。

[3] 不及以闻：来不及将韩信逃走的消息上报汉王刘邦。

[4] 若亡：你逃跑。若，你。亡，逃跑、逃亡。

[5] 追信，诈也：你说追韩信，分明是骗我吧。

[6] 国士：指国中才能最杰出的人才。

[7] 无所事信：自然用不着韩信。

[8] 非信无所与计事者：除了韩信，再无可以和您共谋大事者。

[9] 顾王策安所决：就看大王的战略目标怎么选定。顾，看。王策，大王的战略目标（安守汉中，还是争霸天下）。安，怎么。决，选择、决定。

[10] 欲东：想向汉中以东的中原地区发展，争夺天下。

[11] 吾为公以为将：我根据你的推荐，任命他为将军。为，根据、凭借。公，对萧何的尊称。

[12] 王素慢无礼：大王您素来轻慢不能礼遇他人。

参考译文

韩信多次跟萧何交谈，萧何认为他是个奇才。汉军到了南郑，半路上逃跑的将领多达几十个。韩信猜想，萧何等人已多次向汉王举荐自己，汉王不想任用，也选择了逃跑。

萧何听说韩信逃跑，来不及报告汉王，立即动身去追他。有人告诉汉王："丞相萧何逃跑了。"汉王大怒，好像突然失去了左膀右臂。过了一两天，萧何来拜见汉王，汉王又恼又喜，大骂道："你竟然也要逃跑，你为什么跑呀？"萧何说："我哪敢逃跑，我是去追逃跑的人。"汉王说："你追的人是谁呢？"回答说："是韩信。"汉王又骂道："各路将领逃了几十人，您都没追，为什么独独追韩信？分明是骗我。"

萧何说："其他逃跑的将领，都不是难得的人才。像韩信这样的大才，举世无双。大王如果打算满足于汉中称王，那是用不着韩信；如果打算争夺天下，除了韩信，再无能跟您共谋大事的人了。就看大王的目标怎么选定了。"汉王说："我当然要向东发展啊，怎能苦苦地老死在这里呢？"萧何说："大王决意向东争夺天下，就必须重用韩信，韩信就会留得住；不能重用他，他终究要跑的。"汉王说："我根据你的推荐，任命他做个将军。"

萧何说："即使是做将军，韩信也不屑于留下。"汉王说："那就让他当大将军。"萧何说："那就对了，就该如此。"于是汉王就要召见韩信，颁布任命。

萧何说："大王您素来为人轻慢，不能礼遇他人。如今任命大将军，就像招呼一个小孩。这就是韩信想逃跑的原因啊。大王真心要委以重任，拜为大将军，应该选择良辰吉日，亲自斋戒，设置坛场，要有完整的礼仪，这才可以。"汉王答应了。众将听说汉王要拜大将军，一个个兴高采烈的，都以为那个大将军肯定是自己。等到拜将时，竟然是不起眼的韩信，全军都为此震惊。

赏析与写作指导

一笔写三雄

你认为这篇《萧何荐韩信》重点写谁？韩信吗？萧何吗？或者，是刘邦？

都写了。

正面写萧何，侧面写韩信和刘邦。

一笔写三雄。

写了三个人的什么方面？是同一方面吗？

不是。各不相同。

写了萧何之德、韩信之才、刘邦之量。

文中萧何有二德。一曰爱才、重才、荐才。二曰对兴汉大业有极高责任感和主人翁意识。

古人非常重视爱才荐才的美德，也佩服识才的慧眼。萧何识才之慧与举才之德都是一流的。沛县起事时，萧何是沛县负责社会治安的官员，刘邦是乡下的亭长，萧何的地位和见识都有优势。但是萧何认为刘邦豪侠，有担当，能驾驭大局，远胜于他。他坚推刘邦挂帅，自己甘居裨将而不以为屈。这就是慧眼。他发现韩信也是慧眼。“诸将易得耳。至如信者，国士无双。”这个评价，斩钉截铁，不可置疑，这就是慧眼。他对韩信之才的欣赏，溢于言表。鲍叔牙举荐管仲，萧何举荐韩信，都是千古美谈。

萧何冒着风险追韩信，是为了兴汉大业。一个伟大事业，不但需要伟大舵手，也需要伟大将领。自从滕公夏侯婴把低级军官韩信推荐给他，他就非常用心地交谈过几次，确认他是军事天才，不禁为汉国庆幸欢欣。天降大才怎能错过？他对汉王说：“王必欲长王汉中，无所事信；必欲争天下，非信无所与计事者。顾王策安所决耳。”不是为了引起刘邦重视才这么说，他是真心实意这么理解的。他不光是履行好自己的职司，还竭诚为刘邦网罗大才。在推荐过程中，他步步进逼，非得把韩信一步到位高举到大将宝座上，堪称兴汉大业最有责任感的股东、董事。

韩信之才，本文只有侧面描写。在《史记·淮阴侯列传》中，拜将仪式结束之后，刘邦才向韩信咨询主意。韩信侃侃而谈，犹如后世诸葛亮的《隆中对》，很精彩，真有才。本文之中，只是由萧何的谈论，涉及他的才和志。“王计必欲东，能用信，信即留；不能用，信终亡耳。”韩信可不是个混吃混喝的，他生来是建功立业的，他留下是有条件的，那就是施展抱负的平台。这平台还不能太低，所以“虽为将，信必不留”。只有拜为大将军才能留住他。而且，韩信心高气傲，只有体会到了足够的敬重和尊严，才会誓死效力。“王素慢无礼，今拜大将如呼小儿耳，此乃信所以去也。王必欲拜之，择良日，斋戒，设坛场，具礼，乃可耳。”

这些谈话，萧何一直在描述韩信的志向和才华。许多人志大才疏，才不配志。韩信却志博才厚，才与志相匹配。这种大才，可遇不可求，唯天可造，人无法造之。

萧何始终没说韩信其德如何，只讲其志其才。天下一统后，韩信愤于境遇不佳，跟陈豨密谋造反，说明萧何对韩信之德有所保留。知其才高即言其才，未知其德而不言其德。萧何言谈极有分寸。

秦末大乱，汉鼎初立，神州几成废墟。刚刚安定下来，老百姓才喘过一口气，如果再起烽火，他们如何活下去啊？韩信享有王侯之尊，不以苍生为念，仅逞个人意气，说明德是他的弱项。萧何大德大智，知人识人，何其深也。

再说刘邦之量。

刘邦深知萧何眼慧心忠，对其信任到盲从。萧何为韩信步步进逼，刘邦步步应承。说留就留，说大将就大将，说斋戒就斋戒。拜将仪式前，甚至没有当面试探一下韩信虚实。直到拜将结束，他亲自赋予韩信大将之尊之后，才虚心求教："将军何以教寡人计策？"韩信毕竟韬略过人，终于有机会对刘邦纵论天下，一席话那是精彩纷呈。刘邦大喜过望，相见恨晚。"遂听信计，部署诸将所击。"（《史记·淮阴侯列传》）可谓言听计从。这种先拜将后考试的事儿，恐怕历史上只有刘邦这么干过。其量其怀，独一无二。

在灭尽楚军，论功行赏时，刘邦公开承认，萧何、韩信、张良，均才高如山，自己望尘莫及。整部《史记》中，刘邦像个见识短浅的孩子，每遇危难，只知连问"为之奈何？"凡重大事件，几乎全是他人出主意，他的贡献仅在于言听计从而已。普通士兵娄敬，反对建都洛阳，主张移都关中，刘邦力排众将之议，欣然从之。攻入秦都、楚都时，他都对美女珍宝、富贵享乐动过邪念，只因樊哙、张良稍稍点拨，他马上抱愧而止。刘邦虚怀若谷，重谏尊言。张良不带兵不理政，仅以口舌之劳，出谋划策，被刘邦尊为王侯，位比三公。张良式的谋士，历朝历代何其多也，然仅以口谋而成王侯者，唯有张良一人，实因刘邦成全之。

一个人如果不能以德驭才，其才迟早会伤天害地、祸国殃民。那些横扫天下的巨人，诸如韩信、英布、彭越之徒，功成之后，私心膨胀，纷纷起叛祸国，均无天下情怀。唯有刘邦，奋力维护天下太平，推行休养生息国策，让老百姓恢复安稳日子。境界高低，别如天壤。这就是萧何誓死效忠刘邦却坚决诛杀韩信的原因。

所谓兴汉三杰，的确天纵英才，个个功高盖世。然而他们贡献再大，也不可能跟刘邦比。司马迁对于刘邦，颇有公知心态，常常明讽暗刺，不失时机地调侃揶揄一把，从没想过从正面描述他驾驭乾坤、规制宇宙的雄才大略。对千古大才汉武帝，他也持此心态。这不得不说是《史记》的巨璧之瑕。即如这篇《一笔写三雄》，作者本意恐怕只在彰显韩信、萧何之才德。至于表现刘邦之量，司马迁只怕并非有意为之。

要讲场面之壮阔、气韵之灵动、故事之跌宕、文辞之华彩，这段文字，在《史记》中很不起眼。可是，其丰富与精彩，已足够我们三赞三叹。千百年来，民间流传着各种形式（戏曲、评书、说唱、小说、年画等）的《萧何月夜追韩信》故事，其源头就在《史记》这段平凡文字。《史记》的鸿篇巨制，何等值得我们细细琢磨品味，由此即可窥斑见豹。

延伸知识

韩信后悔辞蒯通

韩信拜为大将军后，连续攻克今天山西、河南、河北、山东大片地区，锻炼出一支劲旅。他的地位举足轻重，辅汉即汉胜，助楚则楚胜。其谋士蒯（kuǎi）通为其献计，既不归汉，也不归楚，而是拥兵自立，三分天下。

蒯通还以看面相和背相为名，告诉他称帝可成，不称帝则前途危险。蒯通原话如此：

“相君之面，不过封侯，又危不安。相君之背，贵乃不可言。”

韩信一时犹豫，经过认真考虑，告诉蒯通：“汉王对我很好，他的车给我坐，他的衣给我穿，还赐我食品，实在不忍背汉。”韩信的原话如此：

“汉王遇我甚厚，载我以其车，衣我以其衣，食我以其食。吾闻之，乘人之车者载人之患，衣人之衣者怀人之忧，食人之食者死人之事，吾岂可以向利背义乎！”

蒯通本来给韩信出过很多主意，为韩信节节胜利、建立奇勋做出了杰出贡献。这回韩信不听他，知道后事不妙，赶紧逃离韩信幕府，假装发疯，成了降神捉鬼的巫师。

刘邦坐稳江山后，韩信居功自傲，藐视群雄，不屑于上朝，认为其他功臣根本不配跟他坐在一起，还觉得朝廷老是亏待他，于是心生叛意，并与陈豨共谋反叛。刘邦率军出关征陈豨，韩信准备趁机袭击朝廷。萧何与吕后联手，将韩信骗来长乐宫，当即处斩。临刑时，韩信说：“我后悔不用蒯通之谋，竟然中了小女人奸计，岂不是天意吗？”

刘邦击败陈豨叛军，回到长安，着人抓来蒯通，亲自审问，下令“亨（烹）之”。

蒯通刚刚承认曾策动韩信三分天下，一听“烹之”，却大呼有冤。刘邦问何冤，蒯通说：“那时秦失权柄，天下共争之。我只认识韩信，不认识陛下，我当然一心帮助韩信争天下。当时天下豪杰奋勇争夺者甚多，人家没成功是因为能力不够，你能把这些跟你争天下的人全杀了吗？”（“秦之纲绝而维弛，山东大扰，异姓并起，英俊乌集。秦失其鹿，天下共逐之，于是高材疾足者先得焉。跖之狗吠尧，尧非不仁，狗因吠非其主。当是时，臣唯独知韩信，非知陛下也。且天下锐精持锋欲为陛下所为者甚众，顾力不能耳。又可尽亨之邪？”文见《史记·淮阴侯列传》）

刘邦听着觉得在理，就释放了蒯通。

胜利者就该有点胸怀啊。

副课文

博雅宏通之彦

博雅宏通之彦，余六十年来仅见三人：一闽县陈恭甫太史寿祺，于书无所不览，著作等身。余在福建时尚幼，仅一拜见，不能有所叩发，第闻金匮孙文靖公、侯官林文忠公钦佩之不已。二公则余知其学问之渊懿也。

一为金溪戴简恪公敦元。余道光壬辰应京兆试，公时为刑部尚书，以年家子上谒，公谦抑殊甚，有“有若无，实若虚”之气象。余特搜僻典数则叩之，公则曰：“年老记忆不真，似在某书某卷第几页第几行内，其前则某语，其后则某语。”试翻之，则百不爽一。盖公固十行俱下，过目不忘者也。余尝问公天下书应俱读尽矣，公曰：“古今书籍浩如渊海，人生岁月几何，安能读得遍？惟天下总此义理，古人今人，说来说去，不过是此等话头。当世以为独得之奇者，大率俱前世人之唾余耳。”公于刑部例案最熟，无一事可以欺之，老胥猾吏见之束手，故终身历官不出刑部。

一为会稽屠筱园先生湘之。先生与余同官者三年，内行敦笃，善气迎人，廿四史、十三经、诸子百家，探口而出，问之不能穷。尝为袁简斋先生骈体文注释，一典必穷其源，不肯举眼前所有者以塞责。余尝借其本观之，所引之典，多出余所知之外者。余谓先生："恐简翁当日撰文时亦只就目前之典用之，未必若是之探天根、蹑月窟，诚恐先生所引之典并简翁当日亦未必知之。”先生曰："固然。然注书之法不能不如此。”余曰："若天下后世皆欲如先生之释书，则所释亦仅矣。”先生贫甚，此书未及刊刻而殁。庚、辛之乱，底本不知存亡矣。

先大夫尝言南昌彭文勤相国乾隆时最称为博学。相国为考官，纯皇帝以“灯右观书”命题，相国愕然不知出处，大惭愧。比覆命陈奏，以学问浅薄，不审诗题之所出，敢昧死以请。上微哂曰："朕是夜偶在灯右观书，即事命题耳。”公叩首趋出。上顾侍臣大笑曰："今日难倒彭元瑞矣！”

——〔清〕陈其元《庸闲斋笔记·卷二·难博学》

思考与训练

请习者用自己的眼光，评出中国历史上（有史以来直至今天）最杰出的十位宰相、最杰出的十位将军，看看萧何、韩信是否各在其榜。

第十三课 甘罗巧智

〔西汉〕司马迁

题解

本文通过甘罗说服张唐使燕、赵王亲秦两个故事，表现了他的政治智慧。其政治智慧和游说能力，对战国时期成年谋士来说，虽无过人之处，也足称精彩；对一个12岁的孩子来说，更是堪称奇迹。

人物故事

甘罗（生卒年不详）：战国时期秦国废黜宰相甘茂之孙。甘罗童年得志，暴得大名，跻身上卿，一时大富大贵。照理讲前途无量，日后一定会干出辉煌业绩，青史流芳。可是，除本文记述的两个童年故事外，他就从历史中消失了。有人猜测，他可能参与吕不韦机密事务太多，被杀人灭口。

主课文

甘罗者，甘茂孙也。茂既死后，甘罗年十二，事秦相文信侯[1]吕不韦。

秦始皇帝使刚成君[2]蔡泽于燕，三年而燕王喜使太子丹入质于秦。秦使张唐往相燕，欲与燕共伐赵以广河间之地。张唐谓文信侯曰：“臣尝为秦昭王伐赵，赵怨臣，曰：‘得唐者与百里之地。’今之燕[3]必经赵，臣不可以行。”

文信侯不快，未有以强也。甘罗曰：“君侯何不快之甚也？”

文信侯曰：“吾令刚成君蔡泽事燕三年，燕太子丹已入质[4]矣，吾自请张卿相燕而不肯行。”

甘罗曰：“臣请行之。”

文信侯叱曰：“去！我身自请之而不肯，女焉能行之？”

甘罗曰：“夫项橐生七岁为孔子师[5]。今臣生十二岁于兹矣，君其试臣，何遽[6]叱乎？”

于是甘罗见张卿曰：“卿之功孰与武安君？”

卿曰：“武安君[7]南挫强楚，北威燕、赵，战胜攻取，破城堕[8]邑，不知其数，臣之功不如也。”

甘罗曰：“应侯[9]之用于秦也，孰与文信侯专[10]？”张卿曰：“应侯不如文信侯专。”甘罗曰：“卿明知其不如文信侯专与？”

曰：“知之。”甘罗曰：“应侯欲攻赵，武安君难之，去咸阳七里而立死于杜邮[11]。今文信侯自请卿相燕而不肯行，臣不知卿所死处矣。”

张唐曰：“请因孺子行[12]。”令装治行[13]。

行有日[14]，甘罗谓文信侯曰：“借臣车五乘，请为张唐先报赵。”

文信侯乃入言之于始皇曰：“昔甘茂之孙甘罗，年少耳，然名家之子孙，诸侯皆闻之。今者张唐欲称疾不肯行，甘罗说而行之。今原先报赵，请许遣之。”

始皇召见，使甘罗于赵。赵襄王郊迎甘罗。

甘罗说赵王曰：“王闻燕太子丹入质秦欤？”

曰：“闻之。”

曰：“闻张唐相燕欤？”

曰：“闻之。”

“燕太子丹入秦者，燕不欺秦也。张唐相燕者，秦不欺燕也。燕、秦不相欺者，伐赵，危矣。燕、秦不相欺无异故[15]，欲攻赵而广河间。王不如赍[16]臣五城以广河间，请归燕太子，与强赵攻弱燕。”

赵王立自割五城以广河间。秦归燕太子。赵攻燕，得上谷三十城，令秦有十一[17]。

甘罗还报秦，乃封甘罗以为上卿，复以始甘茂田宅赐之。

（节选自《史记·樗里子甘茂列传》）

注释

［1］秦相文信侯：相即宰相，文信侯是吕不韦爵号。

［2］刚成君：爵号。

［3］之燕：去燕国。

［4］入质：做人质。

［5］项橐（tuó）生七岁为孔子师：项橐七岁就成为孔子的老师。

［6］遽（jù）：急，匆忙。

［7］武安君：白起将军的爵号。

［8］堕（huī）邑：毁坏城邑，即攻陷城池。堕另一个读音为 duò，意为掉落。

［9］应侯：秦相范睢的爵号。

［10］专：权重，大权独揽。

［11］杜邮：咸阳以西的驿站。秦昭王和范睢要白起攻打赵国都城邯郸，白起认为时机不成熟，没有取胜把握，不同意发兵。秦昭王乃免其职，赐剑令其自杀于杜邮。

［12］因孺子行：凭着你这孩子的话，我同意去。孺子：孩子。

［13］令装治行：派人收拾行装，准备启程。

［14］行有日：行期已确定。

［15］无异故：没有别的缘故。

［16］赍（jī）：送物给人。

［17］令秦有十一：把 30 座城池的十分之一送给秦国。

参考译文

甘罗是甘茂的孙子。甘茂死去的时候，甘罗才 12 岁，服事秦国丞相文信侯吕不韦。

秦始皇派刚成君蔡泽到燕国，三年后燕国国君喜派太子丹到秦国做人质。秦国准备派张唐去燕国任相，想跟燕国一起进攻赵国来扩张河间一带的领地。张唐说："我在昭王时期曾经进攻过赵国，赵国因此恨死我了，说：'谁能逮住张唐，就赏谁百里之地。'现在去燕国一定得经过赵国，我不能前往。"

吕不韦为此怏怏不乐，又没办法勉强他。甘罗说："君侯您为何这么闷闷不乐？"

吕不韦说："我让刚成君蔡泽奉事燕国三年，燕太子丹已经来秦国做人质了，我亲自请张卿去燕国任相，可是他不肯去。"

甘罗说："请允许我去说服他。"

吕不韦呵斥说："快走开！我亲自请他去，他都不肯，你有何能耐让他同意前往？"

甘罗说："项橐 7 岁就给孔子做老师。我都满 12 岁了，您让我试试吧。何必这么急着呵斥我呢？"

吕不韦就同意了。甘罗拜见张卿说："您与白起相比，谁的功劳大？"

张唐说："武安君在南面挫败强楚，在北面威震燕、赵，战而能胜，攻而必克，夺城取邑无数，我的功劳可比不上他。"

甘罗又说："范雎在秦国任丞相时，与现在的文信侯相比，谁的权力大？"

张唐说："范雎不如文信侯的权力大。"甘罗进而说："您确实清楚范雎不如文信侯的权力大吗？"

张唐说："是的。"甘罗接着说："范雎想攻赵国，白起将军故意让他为难，结果白起离开咸阳七里地，就死在杜邮。如今文信侯亲自请您去燕国任相，而您执意不肯，我不知您要死在什么地方了。”

张唐说：“凭你这席话，我就去燕国吧。”于是让人整治行装，准备上路。

行期已定，甘罗便对吕不韦说：“借给我五辆马车，我为张唐赴燕先到赵国打个招呼。”

吕不韦把甘罗的请求报告给秦始皇：“甘茂有个孙子甘罗，年纪很轻，闻名诸侯。最近张唐想要推托有病不肯去燕国，甘罗一说他就答应去了。甘罗说想去赵国把张唐的事通报一声，请答应派他去。”

秦始皇召见甘罗，派他去赵国。赵襄王到郊外远迎甘罗。

甘罗问赵王：“燕太子丹到秦国做人质，大王听说了吗？”

赵王说：“听说了。”

甘罗又问：“张唐要到燕国任相，大王听说了吗？”

赵王说：“听说了。”

甘罗接着说：“燕太子丹来秦国，说明燕国不欺秦。张唐到燕国任相，表明秦国不欺燕。燕秦两国互不相欺，显然是要共同攻打赵国，赵国就危险了。燕、秦两国互不相欺，没有别的缘故，就是要攻打赵国来扩大河间之地。大王不如先送我五座城，扩大秦国在河间的领地。我据此可以请求秦王送回燕太子，再帮助强大的赵国攻打弱小的燕国。”

赵王马上亲自割出五座城以扩大秦国在河间的地盘。秦国果然送回燕太子，赵国有恃无恐进攻燕国，得到上谷三十座城邑，把十分之一送给了秦国。

甘罗面告秦王，秦王封甘罗为上卿，还把原来没收的甘茂田宅都赐给甘罗。

赏析与写作指导

甘罗的地缘政治学

《甘罗传》是《史记·樗里子甘茂列传》的附传，因为他是秦国宰相甘茂的孙子，故附录于此。本文两个故事，主要以人物语言方式展开。对话是促进事件进展的主要方式。语言体系是人类最伟大的文化创造，有了语言，就可以更顺利地沟通；有了语言和随后的文字，就可以记载历史使之传播久远。文化的积累和传承，有赖语言文字甚多。

《史记》和《战国策》，在以语言文字记载历史的同时，充分展现了历史人物的语言在历史事件中的重大作用，可以说是人物语言的盛宴。本文的对话方式及其雄辩力量，在《史记》和《战国策》中颇为常见。

甘罗说服赵王向秦国送五城，仅三个回合，就获得成功。

甘罗说赵王曰："王闻燕太子丹入质秦欤？"

曰："闻之。"

曰："闻张唐相燕欤？"

曰："闻之。"

"燕太子丹入秦者，燕不欺秦也。张唐相燕者，秦不欺燕也。燕、秦不相欺者，伐赵，危矣。燕、秦不相欺无异故，欲攻赵而广河间。王不如赍臣五城以广河间，请归燕太子，与强赵攻弱燕。”

其结果让秦国喜出望外，因为甘罗以口舌之劳为它赚进八座城池：“赵王立自割五城以广河间。秦归燕太子。赵攻燕，得上谷三十城，令秦有十一。”十一者，十分之一也，即三座。

一个 12 岁孩子，具有如此深邃的地缘政治学头脑，堪称人杰。

甘罗劝张唐奉命使燕，步步进逼，使他认识到抗命的严重后果，不得不领命。甘罗的政治智慧和谋略水平，通过几个回合的对话，表现得淋漓尽致。

于是甘罗见张卿曰：“卿之功孰与武安君？”武安君者，功高盖世的白起也。

卿曰：“武安君南挫强楚，北威燕、赵，战胜攻取，破城堕邑，不知其数，臣之功不如也。”

甘罗曰：“应侯之用于秦也，孰与文信侯专？”张卿曰：“应侯不如文信侯专。”应侯者，过往秦相范雎也。白起不配合他的军事计划，他说动秦昭王赐死白起。文信侯者，现任秦相吕不韦也。吕不韦对朝政的影响力，远大于当年范雎的影响力。

甘罗曰：“卿明知其不如文信侯专与？”曰：“知之。”

甘罗曰：“应侯欲攻赵，武安君难之，去咸阳七里而立死于杜邮。今文信侯自请卿相燕而不肯行，臣不知卿所死处矣。”

三板斧就砍出满意的结果：张唐曰：“请因孺子行。”令装治行。

一个孩子具有如此老辣的官场洞察力和攻人心、制人身的政治能力，令人颇感不可思议。

细读本文，不难发现，甘罗的语言威力，必须具备如下三个条件：卓越的政治洞察力、严谨的逻辑能力、丰富的地缘政治学知识和历史知识。三者缺一不可。如果他不了解白起抗命被戮的历史知识，他的语言威慑力恐怕不足以征服张唐。要想有出息，光拼爹是不行的，发奋学习更靠谱。

思想来自知识，人才来自教育。当今中国教育，完全没有地缘政治学课程，要补上啊。

延伸知识

神童项橐巧对孔子

项橐是春秋时期莒国神童。莒国是鲁国以东一个小国，在今山东莒县、日照一带。《战国策》《淮南子》《史记》《论衡》等典籍都提到项橐。

传说项橐7岁那年，与同伴在大路上玩筑城墙。他们垒起一个小小方形城，项橐往里一坐，俨然一副守城将军派头。孔子坐车路过此地，被项橐的“城”挡道。

孔子问项橐：“小孩，你怎么不让车？”

小项橐毫不惊慌，从容应对：“自古只有车让城，世上哪儿有城让车？”

孔子一听，觉得这孩子聪明过人，就下车说话，想考考他的脑筋。

孔子说：“我问几个问题，要是你答对了，就车让城，要是答错了，就城让车，如何？”

项橐说：“好哇，你问吧。”

孔子问：“何山无石？何水无鱼？何门无关？何车无轮？何牛无犊？何马无驹？何刀无环？何火无烟？何人无妇？何女无夫？何日不足？何日有余？何雄无雌？何树无枝？何城无使？何人无字？”

项橐回答：“土山无石，井水无鱼，空门无关，舆车（轿子）无轮，泥牛无犊，木马无驹，斫刀无环，萤火无烟，仙人无妇，玉女无夫，冬日不足，夏日有余，孤雄无雌，枯树无枝，空城无使，小儿无字。”

孔子心里连连赞叹，一边问道：“我车中有双陆局，和你一起玩玩，看看谁能赢，如何？”

双陆局是一种博戏。项橐说：“天子好博，风雨无期；诸侯好博，国事不治；吏人好博，文案稽迟；农人好博，耕种失时；学生好博，忘读书诗；小儿好博，笞挞及之。玩物丧志，君子不为也。”

孔子开心地笑了！

项橐说：“现在轮到我考您了。鹅和鸭为什么能浮在水面上？鸿雁和仙鹤为什么善于鸣叫？松柏为什么冬夏常青？”

孔子答道：“鹅和鸭能浮在水面上，因为脚是方的；鸿雁和仙鹤善于鸣叫，因为它们脖子长；松柏冬夏常青，因为它们的树心结实。”

“不对！”项橐大声说，“龟鳖也能浮在水面，脚方吗？青蛙也善于鸣叫，脖子长吗？胡竹冬夏常青，茎心坚实吗？”

孔子觉得这孩子知识渊博、智慧过人，疼爱地摸摸他的头，说：“这小脑袋可真不简单，你赢了，该车让城了。”孔子登车，让车夫小心地从“城”边绕过。

据说，项橐 10 岁夭亡。

副课文

少年强则国强

任公曰：造成今日之老大中国者，则中国老朽之冤业也；制出将来之少年中国者，则中国少年之责任也。彼老朽者何足道，彼与此世界作别之日不远矣；而我少年乃新来而与世界为缘。如僦（jiù，租赁）屋者然，彼明日将迁居他方，而我今日始入此室处。将迁居者，不爱护其窗栊，不洁治其庭庑，俗人恒情，亦何足怪。

若我少年者，前程浩浩，后顾茫茫。中国而为牛为马为奴为隶，则烹脔鞭棰（chuí）之惨酷，惟我少年当之；中国如称霸宇内，主盟地球，则指挥顾盼之尊荣，惟我少年享之。于彼气息奄奄、与鬼为邻者何与焉？彼而漠然置之，犹可言也；我而漠然置之，不可言也。

使举国之少年而果为少年也，则吾中国为未来之国，其进步未可量也；使举国之少年而亦为老大也，则吾中国为过去之国，其澌（sī）亡可翘足而待也。故今日之责任，不在他人，而全在我少年。少年智则国智，少年富则国富，少年强则国强，少年独立则国独立，少年自由则国自由，少年进步则国进步，少年胜于欧洲则国胜于欧洲，少年雄于地球则国雄于地球。

红日初升，其道大光。河出伏流，一泻汪洋。潜龙腾渊，鳞爪飞扬。乳虎啸谷，百兽震惶。鹰隼试翼，风尘吸张。奇花初胎，矞矞(yù yù，光明盛大)皇皇。干将(宝剑名)发硎(xíng)，有作其芒。天戴其苍，地履其黄。纵有千古，横有八荒。前途似海，来日方长。美哉我少年中国，与天不老！壮哉我中国少年，与国无疆！

——〔清〕梁启超《少年中国说》

思考与训练

甘茂曾经长时间担任秦国丞相，权势很大，但因私心较重，逐渐失去秦王信任和公卿敬重，最后不得不叛秦逃齐。秦国没收其封地田宅。其孙甘罗失去倚仗，靠个人才干重新崛起，故在战国末期名闻天下。甘罗12岁立功拜相，至今在民间流传甚广。

后世文人，将许多巧智故事，都戴在甘罗头上，塑造出一个少年智多星形象。这是一种各民族都有的历史文化现象。春秋时期的晏子、三国时期的诸葛亮、明初的解缙、近人周恩来等，都是民间创作的机智故事的主人公。请上网搜索一下有关甘罗、解缙的故事，体会故事创作者的用心。

第十四课 忠义夏侯端

［北宋］司马光

隋末乱世，生灵涂炭，夏侯端认定李渊是能够收拾残局、重建秩序、解民倒悬的圣主，所以一心效忠李唐。他跋山涉水，忍饥挨饿，克服一切困难，劝说关东州县归唐，将忠义品质发挥到极点。

人物故事

夏侯端（？—627）：寿州寿春（今安徽寿县）人，隋代任大理司直，入唐担任秘书监。619年，任河南道招尉使，招抚关东各州县。为此历尽艰险。后任梓州（治所在昌城县，即今四川三台县潼川镇）刺史。《新唐书·卷一九一·列传第一百一十六·忠义上》将他列为“忠义”之首。

王世充（？—621）：字行满，本姓支，西域胡人。隋末乱世崛起的豪雄之一。隋朝任兵部员外郎、江都通守等官。隋炀帝被宇文化及所杀，王世充与元文都、卢楚等拥立越王杨侗为帝。619年废杨侗，自立称帝，国号郑，都洛阳。621年，被李世民击败，郑亡。同年7月，被仇人独孤修德所杀。

主课文

夏侯端至黎阳[1]，李世勣发兵送之。自澶渊[2]济河，传檄州县，东至于海，南至于淮，二十余州，皆遣使来降。行至谯州[3]，会汴、亳[4]降于王世充，还路遂绝。

端素得众心，所从二千人，虽粮尽不忍委去，端坐泽中，杀马以飨士，因欷谓曰："卿等乡里皆已从贼，特以共事之情，未能见委。我奉王命，不可从卿；卿有妻子，无宜效我。可斩吾首归贼，必获富贵。"众皆流涕曰："公于唐室非有亲属，直以忠义，志不图存。某等虽贼，心亦人也，宁肯害公以求利乎！"端曰："卿不忍见杀，吾当自刎。"众抱持之。

乃复同进，潜行五日。馁死[5]及为贼所击奔溃相失者太半，唯余五十二人同走，采豆生食之。端持节未尝离身，屡遣从者散，自求生，众又不可。

时河南之地[6]皆入世充，唯杞州[7]刺史李公逸为唐坚守，遣兵迎端，馆给之。世充遣使召端，解衣遗之，仍送除书[8]，以端为淮南郡公、尚书少吏部。端对使者焚书毁衣，曰："夏侯端天子大使，岂受王世充官乎！汝欲吾往，唯可取吾首耳。"

因解节旄[9]怀之，置刃于竿，自山中西走。无复蹊径，冒践荆棘，昼夜兼行，得达宜阳[10]。从者坠崖溺水，为虎狼所食，又丧其半。其存者鬓发秃落，无复人状。端诣阙见上，但谢无功，初不自言艰苦。上复以为秘书监。

（节选自《资治通鉴·第一百八十七卷·唐纪三》）

注释

[1] 黎阳：古地名，今河南浚县，离澶渊较近。

[2] 澶渊（chán yuān）：古地名，今河南濮阳市西。

[3] 谯州：隋唐地名，中心在今安徽蒙城县一带。

[4] 汴、亳：汴州（今河南开封一带）、亳州（今安徽亳州一带）。二地均处于谯州西方，故阻断夏侯端西去长安之路。

[5] 馁（něi）死：饿死。

[6] 河南之地：黄河以南地区洛阳、宜阳、偃师一带。

[7] 杞州：不详，可能在今河南杞县一带，靠近开封。

[8] 除书：拜官授职的文书

[9] 节旄（máo）：使臣所持符节上的装饰物。符节常以牦牛尾为饰，故称旄节。

[10] 宜阳：今河南宜阳县，在洛阳以西，处于洛阳与潼关之间，即王世充郑政权与李渊唐政权地盘交接处。

参考译文

夏侯端抵达黎阳，李世勣派兵护送他，从澶渊渡过黄河，传递檄文到各州县，东至海，南到淮河一带，20多个州县，都派使者前来降唐。夏侯端走到谯州，恰好汴、亳州投降了王世充，切断了他回长安复命的通道。

夏侯端向来得人心。跟随他的2000人，即使粮食吃光了，也不忍心离他远去，他们被追赶到沼泽中，夏侯端杀马给士兵充饥，抽泣着对大家说：“你们的家乡都已成了贼人王世充的地盘，只是因为跟我共事，你们没有丢下我。我奉王命，不能随你们去；你们有妻有子，没必要跟我一样坚持到底。你们可以砍下我的头，归附贼人，一定能换来富贵。”众人都流着泪说：“您和唐室并非血亲，只是为了忠义，一心为唐，立志牺牲，我们虽然身份卑贱，内心是明白的，怎么能杀害您去谋利呢！”夏侯端说：“你们不忍杀我，我就自刎吧。”众人赶紧抱住，不让他自杀。

众人又重新一起前进，极度艰难中行军五天。饿死者、累死者、被王世充军队追剿逃散者，占去大半，2000 人只剩下 52 个人一同向前走，他们生吃采来的野豆充饥。夏侯端拿着使臣的符节，始终不离身，他反复劝随从散去自求生路，众人都不肯离去。

当时河南地区洛阳、开封一带，都是王世充的地盘，只有杞州刺史李公逸不投降王世充，为唐坚守。李公逸派兵迎接夏侯端，供给他食宿。王世充派人招降夏侯端，脱下华服送给他，并带来委任状，任命他为淮南郡公、尚书少吏部。夏侯端当着王世充使者的面，烧了委任状，毁掉衣服，告诉使者说：“我夏侯端是唐天子的大使，怎能接受王世充的官职！你想让我去，除非割下我的脑袋！”

他解下节上的旄饰藏入怀中，将刀插在节竿上，从山间小道向西奔赴长安。没有道路，只有踏着荆棘，昼夜兼程，终于到达宜阳。进入唐的地盘，那些 52 个随行者，有坠崖溺水而死的，被虎狼吃掉的，又丧失了一半。活下来的都鬓发脱落，没个人样。夏侯端上殿拜见皇上，只道歉说没有完成使命，丝毫不提一路上的磨难。皇上仍让他担任秘书监。

赏析与写作指导

信念之歌

夏侯端的忠义，超过了对皇帝李渊个人的效忠，而是对天下大局的效忠。隋末天下大乱，称王称帝者甚多，相互战争，硝烟满神州，生灵陷涂炭。

夏侯端善于占卜看相。他认为手握重兵、占有山西宝地的李渊，有帝王之分。他曾劝李渊说："今玉床摇动，帝座不安，参墟得岁，必有真人起于其分，非公而谁乎！主上（隋炀帝）猜忍，尤忌诸李，金才既死，公不思变通，必为之次矣。"

李渊称帝后，夏侯端极力维护之，以期唐政权尽早一统神州，天下重归太平。

本文所述，即是夏侯端深陷敌区、面对绝境时，不惜牺牲、决不投降、决不放弃的事迹。那份坚持与拼搏，让人想起后世君子的万里长征。隋末乱世，群雄并立，谁胜谁负并无定数。人在江湖，朝秦暮楚，择善而从，本极为正常。夏侯端认准大唐，决意效死到底。他不忍众多从者跟着他牺牲，反复劝他们另谋出路。可是大家被其忠义与坚韧感动，皆誓死追随。这是出现于唐初的一曲信念之歌。

本文通过杀马、劝离、自杀、拒降、吃野果、坠崖、溺水、葬身虎狼、敌军追剿等一系列事件的叙述，突出了夏侯端境遇之残酷、经历之艰难。如果没有这一系列事件的罗列和叙述，可能一句话就把事情讲完了，文章缺乏直观形象，就没有吸引力。

延伸知识

文化的力量

夏侯端刚回长安，初见李渊时，没有强调他所经历的磨难与生死考验。但真相终究被他人知晓，所以他因此获得青史留名的荣耀。宋代朝廷编修的《新唐书》(欧阳修、宋祁主编)，对夏侯端评价甚高，特将其传记编为《忠义》第一人。兹将《新唐书·夏侯端传》全文，提供给习者阅读。

文化常常表现为对操守、信念与价值的誓死坚持。本文通过一个群体和一个领袖面对生死考验的心态、情义、意志，较好阐释了中国人文化底蕴的深厚与博大，以及文化的力量。

忠肝义胆，就是文化的力量。

以下是《新唐书》原文：

夏侯端，寿州寿春人，梁尚书左仆射详孙也。仕隋为大理司直。高祖微时（未显达时）与相友，大业中讨贼河东，表端为副。端邃数术，密语高祖曰："玉床摇，帝座不安。晋得岁，真人将兴，安天下之乱者，其在公乎！但上性沈忌，内恶诸李，今金才已诛，次且取公，宜蚤为计。”帝感其言。义师兴，端在河东，吏捕送长安。帝入京师，释囚，引入卧内，擢秘书监。

李密之降，关东地未有所属，端请假节招谕，乃拜大将军，为河南道招尉使。即传檄州县，东薄海，南捷淮，二十余州遣使顺附。次谯州，会亳、汴二州刺史已降王世充，道塞，无所归，计穷彷徨。麾下二千人粮尽不忍委端去，端乃杀马宴大泽中，谓众曰：“我奉王命，义无屈。公等有妻子，徒死无益。吾丐若首，持与贼以取富贵。”众号泣不忍视，端亦泣，欲自刎，争持之，乃止。

行五日，饿死十四三。遇贼，众溃，从者才三十余人。遂东走，撷雰豆（野绿豆）以食。端持节卧起，叹曰：“平生不知死地乃在此！”纵其下令去，毋俱没。会李公逸守杞州，勒兵迎端。时河南地悉入世充，公逸感端之节，亦固守。世充遣人以淮南郡公、尚书少吏部印绶召端，解所服衣以赠。端曰：“吾，天子使，宁污贼官邪！非持首去不可见。”即焚书及衣。

因解节毛怀之，间道走宜阳，历崖峭榛莽。比到，其下仅有在者，皆体发瘴焦，人不堪视。端入谒，自谢无功，不及危困状。帝闵之，复拜秘书监。出为梓州刺史。散禄禀（lù bǐng，官俸）周孤穷，不为子孙计。贞观元年卒。

（《新唐书・卷一九一・列传第一百一十六・忠义上》）

副课文

福建宰白鸭之惨

福建漳、泉二府，顶凶之案极多，富户杀人，出多金给贫者，代之抵死，虽有廉明之官，率受其蔽，所谓“宰白鸭”也。先大夫在谳（yàn，审判定案）局，尝讯一斗杀案，正凶年甫十六岁，检尸格则伤有十余处，非一人所能为，且年稚弱，似亦非力所能为。提取复讯，则供口滔滔汩汩，与详文无丝忽差。再令复述，一字不误，盖读之熟矣。加以驳诘，矢口不移。再四开导，始垂泣称冤，即所谓“白鸭”者也。乃驳回县更讯。

未几，县又顶详，仍照前议。再提犯问之，则断断不肯翻供矣。他委员嗤先大夫之迂，迳行提讯，遂如县详定案。比臬使过堂问之，仍执前供。因讯：“尔年纪甚轻，安能下此毒手？”则对曰：“恨极耳。”案定后发还县，先大夫（先父）遇诸门，问曰：“尔何故如是执之坚？”则涕泗曰：“极感公解网恩，然发回之后，县官更加酷刑，求死不得；父母又来骂曰：‘卖尔之钱已用尽，尔乃翻供，以害父母乎？若出狱，必处尔死！’我思进退皆死，无宁顺父母而死耳。”先大夫亦为之泪下。遂辞谳局差。

噫！福建人命案，每年不下百数十起，如此类者良亦不少，为民牧者如何忍此心也！

——〔清〕陈其元《庸闲斋笔记·卷三》

思考与训练

1. 古人讲忠君，讲爱国。这些价值近年来不断受到质疑与挑战。不但忠君遭到批判，“忠”也受到质疑。“忠”就一定是忠于帝王个人吗？天下、江山、社稷，似乎都比帝王大。在当今时代，应该如何理解“忠君”？如何理解“忠”？“忠”依然是一个正面概念吗？

2. 请用现代汉语翻译副课文《福建宰白鸭之惨》中这段话：“极感公解网恩，然发回之后，县官更加酷刑，求死不得；父母又来骂曰：‘卖尔之钱已用尽，尔乃翻供，以害父母乎？若出狱，必处尔死！’我思进退皆死，无宁顺父母而死耳。”

第十五课 康有为讲学时代

〔清〕梁启超

题解

本文介绍了康有为出山之前勤勉求学的过程和发奋办学的经历，梳理了他学术思想资源——宋明理学、陆王心学、经学、史学、佛学、西学，强调其问学、行教，目的都在“激厉气节，发扬精神，广求智慧”，以挽救中国的危亡。

本文系《南海康先生传》一章。

人物故事

梁启超（1873—1929）：见《万木草堂小学学记》人物故事。

康有为（1858—1927）：原名祖诒，字广厦，号长素，又号明夷、更甡、西樵山人、游存叟、天游化人，广东省南海县丹灶苏村人，人称康南海。中国晚清时期重要的政治家、思想家、教育家，资产阶级改良主义代表人物。对中国近代社会变革和思想文化发展，具有深刻影响。1888 年，上书光绪帝请求变法，奏疏无法上达。1895 年得知丧权丧地、辱国辱族的《马关条约》签订，联合 1300 多名举人联名上万言书，奏疏依然无法上达。但他的政治能力和政治影响力，由此闻于世。1898 年，光绪帝决意变法，对康有为颇为倚重。他是戊戌变法的灵魂人物。变法失败后逃往日本，长期在海外从事政治活动。主张尊孔保皇，受到章太炎、孙中山等革命派的批判。此后不为时风所重，成为边缘人物。

主课文

先生年十八，始游朱九江[1]先生之门，受学焉。九江者，名次琦，字子襄，粤中大儒也。其学根柢于宋明，而以经世致用为主。研究中国史学、历代政治沿革得失，最有心得，著书甚富。晚年以为此等著述，无益于后来之中国，故当易箦[2]之际，悉焚其稿，学者惜焉。先生从之游，凡六年，而九江卒。其理学政学之基础，皆得诸九江。

九江卒后，乃屏居独学于南海之西樵山者又四年。其间尽读中国之书，而其发明最多者为史学。究心历代掌故，一一考其变迁之迹，得失之林；下及考据、词章之学，当时风靡一世者，虽不屑屑，然以余事及之，亦往往为时流所莫能及。又九江之理学，以程朱为主，而间采陆王。先生则独好陆王，以为直捷明诚，活泼有用，故其所以自修及教育后进者，皆以此为鹄[3]焉。

既又潜心佛典，深有所悟，以为性理之学，不徒在躯壳界，而必探本于灵魂界。遂乃冥心孤往[4]，探求事事物物之本原，大自大千诸天，小至微尘芥子，莫不穷究其理。常彻数日夜不卧[5]，或打坐，或游行，仰视月星，俯听溪泉，坐对林莽，块然无俦，内观根意，外察物相，举天下之事，无得以扰其心者，殆如世尊起于菩提树下，森然有天上地下惟我独尊之概。

先生一生学力，实在于是。其结果也，大有得于佛为一大事出世之旨。以为人相我相众生相既一无所取无所著，而犹现身于世界者，由性海[6]浑圆，众生一体，慈悲普度，无有已时。是故以智为体，以悲为用，不染一切，亦不舍一切；又以愿力无尽，故与其布施于将来，不如布施于现在；大小平等，故与其恻隐于他界，不如恻隐于最近。于是浩然出出世而入入世[7]，纵横四顾，有澄清天下之志。

既出西樵，乃游京师。其时西学初输入中国，举国学者，莫或过问。先生僻处乡邑，亦未获从事也。及道香港、上海，见西人殖民政治之完整，属地如此，本国之更进可知。因思其所以致此者，必有道德学问以为之本原。乃悉购江南制造局及西教会所译出各书尽读之。彼时所译者，皆初级普通学，及工艺、兵法、医学之书，否则耶稣经典论疏耳，于政治哲学，毫无所及。而先生以其天禀学识，别有会悟，能举一以反三，因小以知大。自是于其学力中，别开一境界。

其时天下未知有先生也。先生之旅行，凡五六年。北出山海关，登万里长城，南游江汉，望中原，东诣阙里[8]，谒孔林，浪迹于燕、齐、楚、吴、荆、襄之间，察其风土人物，交其士大夫，西泝[9]江峡，如桂林。畴昔[10]山中所修养者，一一案之经历实验，学乃益进。

先生以为欲任天下之事，开中国之新世界，莫亟于教育，乃归讲学于粤城。岁辛卯，于长兴里设黉[11]舍焉。余与先生之关系，实始于此。其时张之洞实督两粤，先生劝以开局译日本书，辑万国文献通考，张氏不能用也。乃尽出其所学，教授弟子。以孔学、佛学、宋明学为体，以史学、西学为用。其教旨专在激励气节，发扬精神，广求智慧。中国数千年无学校，至长兴学舍，虽其组织之完备，万不逮泰西之一，而其精神，则未多让之。其见于形式上者，如音乐至兵式体操诸科，亦皆属创举。先生讲学于粤凡四年，每日在讲堂者四五点钟。每论一学，论一事，必上下古今，以究其沿革得失，又引欧美以比较证明之。又出其理想之所穷及，悬一至善之格，以进退古今中外。盖使学者理想之自由，日以发达，而别择之智识，亦从生焉。余生平于学界稍有所知，皆先生之赐也。

（节选自《南海康先生传》）

注释

［1］朱九江（1807—1881）：名次琦，字稚圭，号子襄，世称九江先生。广东南海（今佛山市南海区）人。4岁发蒙，7岁作诗。越华书院就读时吟出“栋材未必千人见，但听风声便不同”，惊动四方。著述宏富，临终焚去甚多，遗稿被编为《朱九江先生集》10卷。

［2］易箦（zé）：箦，席子。人病重将死，要将其从床上移

至席垫上，称为“易箦”。

［3］鹄（gǔ）：箭靶中心，泛指目标、目的。鹄的另一读音是 hú，意为天鹅。还有一个读音是 hè，通“鹤”。

［4］冥心孤往：集中精力，朝既定目标独自努力。冥心，潜心苦思。

［5］常彻数日夜不卧：经常几日几夜不睡觉。

［6］性海：指真如之理性深广如海。真如，佛教术语，指不变的真理或本体。

［7］出出世而入入世：超越出世入世之藩篱。

［8］阙里：孔子故里。

［9］泝（sù）：同“溯”，指逆流而上，追根索源。

［10］畴昔：以前，往昔。

［11］黉（hóng）：古代称学校。黉舍即学校。

参考译文

康有为先生，18 岁那年，才去外地朱九江先生门下求学。朱九江，名次琦，字子襄，是名重广东的大儒。其学问根基为宋明理学，以经世致用为支柱。研究中国史学、历代政治沿革得失，最有心得，著书甚多。他晚年认为，自己的著述无益于将来中国的发展，在临终之际，把书稿全部烧掉，读书人无不痛惜。康先生跟他学习六年之后，朱九江先生辞世。康先生理学、政学之基础，都得自朱九江。

朱九江辞世后，康先生在南海县西樵山中隐居，独自研究学问四年。在此期间读遍中国古书，阐发最多最有创见的是史学。专心研究历代掌故，一一考究其演变历程，总结其治乱得失。下到考据、辞章之学，在当时风靡不衰，康先生虽然看不上这些枝节琐碎之学，但以余暇稍加关注，其见解也往往超越时俗。朱九江的理学思想，以程颐、程颢和朱熹为主干，兼采陆九渊、王阳明精华。康先生则只倾心于陆九渊、王阳明，认为他们的学问直捷简明，活泼有用。所以他后来自学及指导学生，都是以掌握陆九渊、王阳明的学问为目标。

接着康先生又潜心研究佛典，领悟颇深。他认为性理之学不光在肉体层面，而必须从灵魂层面去探究。他专心致志，孤胆勇进，探求事事物物的本原，大到大千世界，小至微尘芥子，无不穷究其中的道理。常连续几日几夜不睡觉，或打坐，或踱步，仰视星空，俯听泉声，深林独坐，孤立无伴，向内观照六根的意识，向外体察万物的真相，天下没有什么事能够扰乱他的心智，犹如佛陀在菩提树下崛起，凛然有天上地下唯我独尊的气概。

先生一生学问上的造诣，全靠这十年修炼打底。其结果是对于佛祖为普度众生而出世这件事大有领悟。他认为人相我相众生相，既然不值得眷恋，不值得执着，然而佛祖仍然降世于人间，是因为这性理深广浑圆，众生本来一体，以慈悲普度众生，没有尽时。所以，当以智慧为本体，以慈悲为功用，不沾染一切，也不抛弃一切；又因为愿力无尽，所以与其布施于将来，不如布施于现在；对觉悟者而言空间大小本无差别，所以与其到别的地方隐居，不如置身于最近的人间。于是以浩然之气超越于出世入世之上，纵横四顾，有澄清天下、普度众生之志。

先生结束西樵山的学习，游学就到京师。那时候西学刚输入中国，全国读书人，没有人过问。先生处在偏僻的乡下，也没机会接触。直到他途经香港、上海，发现西方列强把这些殖民地管理得颇有秩序，附属之地已经如此，可想而知本国必然更好。他想，他们能有这种经营统治能力，背后一定有高深的道德教化作为根基。就四处购买购江南制造局及西方教会所翻译出版的西方著作，认真阅读研究。当时译著，无非是初级普通的学问及工艺、兵法、医学的书籍，此外则是基督教的经典和讲解，至于西方的政治哲学著作，尚无涉及。康先生仅读这些常识读本，以其天赋学识，大有领悟，能举一以反三，因小以知大。从此，他的学问打开了另一种境界。

那时候天下无人知道先生。先生默默游历天下，达五六年光景。北出山海关，登万里长城，南游江汉，望中原，东到孔子故里，拜谒孔林，行迹遍于燕、齐、楚、吴、荆、襄之间，考察各地风土人物，结交各地贤人秀士，西部逆江峡而上，到达桂林等地。往日隐居深山所得的知识和思想，跟沿途山川和社会现实相互对应、检验，学问更加精进。

先生认为，想担当救世重任，开创中国的新局面，最迫切的是兴办教育。于是结束游历，回到广州办学。辛卯年，先生在广州市长兴里开设学堂。我结识并追随先生，就从这里开始。

那时张之洞任两广总督，先生建议他设专门机构，翻译日本著作，收罗编辑西方各国文献，张氏未采纳其建议。先生乃就把他的所知所学，和盘托出教给我们这些弟子。以儒学、佛学、宋明理学为主干，以史学、西学为延伸。他讲学传教的宗旨，在于激励气节，发扬精神，广求智慧。中国数千年没有学校，直至长兴万木草堂才有真正的学校，虽然组织结构和功能，远不如西方学校那么完备，但是其道德精神和文化宗旨，则毫无逊色。单从形式言之，如音乐、军事、体育等课程，在中国皆属创举。先生讲学于广州共有四年，每日在讲堂工作四五点钟。每论一学，论一事，必上下古今，旁征博引，仔细探究其沿革得失，还引入欧美各国的历史与事例加以比较阐发。还尽其思维所能及，高悬一个至善至美的理想境界，以作为评判古今中外善恶好坏的标准。如此可使求学者思想自由奔放、丰富发达，而鉴别选择的智识也由此得到发展。我生平对于人间学问稍有所知，都是先生此时所赐予的。

赏析与写作指导

大人物横空出世之前

康有为是中国近代史上呼风唤雨的人物，对清末民初中国的民族觉醒和变法图存运动，产生过重大影响。本文介绍了康有为在投身政治活动之前的求学过程和办学实践。这是他横空出世之前的准备阶段。本文依先后顺序，介绍了如下几件事：

师从朱九江六年—西樵山自学（儒佛兼修）四年—游历京师齐鲁吴越荆襄—考察沪港后研究西学—广州办学四年。

通过这些事件，一个勤勉求道、热切救国、开一代新风的思想家和政治活动家形象，跃然而出。

按照孟子的说法，志士必须经过苦心志、劳筋骨、饿体肤等一系列折磨与考验，才能造就担当大任的胆识、意志与能力。康有为的求学过程虽然不算特别曲折，但他在那个风雨飘摇、山河破碎、国家倒悬的时代，所经受的精神折磨，一定是很深刻的。没有那个残酷时代，就不会有康有为。

延伸知识

大赏通缉康有为

康有为（1858—1927），广东省南海县人。戊戌变法运动的精神领袖。

光绪二十四年（1898），光绪帝决意变法，对康有为颇为倚重，多次召见，咨询思想与对策。后又常委托身边助手随时访问康有为，商议机要。他是戊戌变法的灵魂人物。

变法失败后，谭嗣同等六君子血洒京都，康有为逃往日本。此后长期在海外从事政治活动。清廷一直没有放弃对康有为、梁启超的通缉、追捕。

光绪二十六年（1900），清廷下令，着李鸿章将康有为、梁启超在广东本籍的祖上坟墓尽皆铲平，以儆凶邪。清廷又命闽、浙、广东督抚悬赏10万两，缉拿康有为、梁启超，呈验尸身，亦一体给赏。如愿得官阶，亦必予破格之赏。

民国二年（1913），康有为因母丧归国。此时中国社会不相信改良、变法，只相信革命，康有为的主张因此失去市场，不再受社会关注，倒是经常受到革命派的嘲弄与批判。

星移斗转，时过境迁，转眼来到21世纪，康有为学说的命运略有改变。他坚守文化传统、以孔教抵御西方文教的思想，受到部分学者的关注与重视。

副课文

蒋振生书法论

金坛蒋振生，原名衡，字湘帆，虎臣修撰之侄也。康熙时，以书名一时，碑版照耀四裔。年五十六岁，矢志书《十三经》，共八十余万言，阅十二年而讫事。南河河道总督高公斌，特疏上呈御览，奉旨以墨刻颁行天下，授国子监学正。

当写经时，以恩贡选英山教谕，又举博学鸿词，皆力辞不赴，其专精如此。尝云："学书者，不能为人宗祖，亦当与古人弟昆，何至为人子孙，甚至甘同奴仆！"云云。自负之高，有不可千古之概。所为古文，亦希踪龙门，出入唐、宋诸大家。余五世从祖文勤相国，曾为序而行之。

其《书法论》一篇，聚古人大旨于数百言之中，如探骊得珠，觉前贤纷纷议论均为饶舌矣。兹录其全文于左：

自永字八法后，论者几数万言，惟孙过庭《书谱》、姜尧章《续书谱》二家言最详。余撮其要旨。第一在执笔，曰悬臂、中锋。颜鲁公云：“捻破管，画破纸”，盖言五指齐用力。若双钩、单钩诸法，虽三指着力，四、五指全无用处，故必右肘悬则灵动，五指撮管顶则坚劲。此乃返本还原，追踪颉、邈、斯、邕作篆之意。夫竹简漆书可容指腕兼运否？

学书者先凝神端坐，使笔与手如铁锥木柄，全然不动，纯任天机运转；左臂平按，久乃酸痛异常。此语从未经人道破。

至运笔，则凡转肩钩勒，须提起顿下，然提、顿二字相连，捷于影响，少迟则犯落肩脱节之病，不可使尽笔，不可用顺牵，凡画之住处，直之末稍带第二笔处，皆从左转，所谓每笔三折，一气贯注者也。

有从无笔默处求之者，曰意，曰气，曰神，曰布。有从有笔墨处求之者，曰丝牵，曰运转，曰仰覆向背，疏密长短，轻重疾徐，参差中见整齐，此结体法也。（下略）

——〔清〕陈其元《庸闲斋笔记·卷五》

思考与训练

康梁都是大家，以大家记述大家，其宏旨大义，当以一生体会之。请特别关注文中梁启超如下言论：

常彻数日夜不卧，或打坐，或游行，仰视月星，俯听溪泉，坐对林莽，块然无俦，内观根意，外察物相，举天下之事，无得以扰其心者，殆如世尊起于菩提树下，森然有天上地下惟我独尊之概。

先生以为欲任天下之事，开中国之新世界，莫亟于教育，乃归讲学于粤城。

以孔学、佛学、宋明学为体，以史学、西学为用。其教旨专在激励气节，发扬精神，广求智慧。

先生又以为凡讲学莫要于合群，盖以得智识交换之功，而养团体亲爱之习。

畴昔山中所修养者，一一案之经历实验，学乃益进。

吾所以办此会者，非谓其必能成而有太补于今时也，将以破数百年之网罗，而开后此之途径也。

子部

第十六课 明明德与亲民

〔明〕王阳明

题解

本课选自《大学问》。“大学问”不是学问大，而是关于儒家经典《大学》意旨的问究探讨。《大学》开篇云：“大学之道，在明明德，在亲民，在止于至善。”本课即是对这几个概念的解读与发挥。

人物故事

王阳明（1472—1529）：幼名云，后名守仁，字伯安，别号阳明。浙江绍兴府余姚县人，因曾筑室修炼于会稽山阳明洞，自号阳明子，学者称之为阳明先生。谥文成，后人又称王文成公。明代著名的思想家、文学家、哲学家和军事家，陆王心学之集大成者，精通儒家、道家、佛家诸学。弘治十二年（1499）进士，历任刑部主事、贵州龙场驿丞、庐陵知县、右佥都御史、南赣巡抚、两广总督等职，晚年官至南京兵部尚书、都察院左都御史。因平定宸濠之乱有军功而被封为新建伯，隆庆年间追赠新建侯。54岁辞官回乡，在绍兴、余姚一带创建书院，宣讲心学，并在天泉桥留心学四句教法：无善无恶心之体，有善有恶意之动，知善知恶是良知，为善去恶是格物。弟子极众，世称“姚江学派”。王阳明心学是明代影响最大的哲学思想，对东北亚、东南亚各国也影响巨大。他是历史上极其罕见的集立德、立功、立言于一身的圣贤。王阳明（心学集大成者）与孔子（儒学创始人）、孟子（儒学集大成者）、朱熹（理学集大成者）并称为孔、孟、朱、王。有《王文成公全书》传世。

主课文

“大学者，昔儒以为大人[1]之学矣。敢问大人之学何以在于明明德[2]乎？”

阳明子曰：大人者，以天地万物为一体者也。其视天下[3]犹一家，中国[4]犹一人焉。若夫间形骸[5]而分尔我者，小人[6]矣。大人之能以天地万物为一体也，非意之也，其心之仁本若是，其与天地万物而为一也。岂惟大人，虽小人之心亦莫不然，彼顾自小之耳。

是故见孺子之入井，而必有怵惕[7]恻隐[8]之心焉，是其仁之与孺子而为一体也。孺子犹同类者也，见鸟兽之哀鸣觳觫[9]，而必有不忍之心，是其仁之与鸟兽而为一体也。鸟兽犹有知觉者也，见草木之摧折而必有悯恤之心焉，是其仁之与草木而为一体也。草木犹有生意者也，见瓦石之毁坏而必有顾惜之心焉，是其仁之与瓦石而为一体也。是其一体之仁也，虽小人之心亦必有之。是乃根于天命之性，而自然灵昭不昧者也，是故谓之“明德”。

小人之心既已分隔隘陋矣，而其一体之仁犹能不昧若此者，是其未动于欲，而未蔽于私之时也。及其动于欲，蔽于私，而利害相攻，忿怒相激，则将戕物圮类[10]，无所不为。其甚至有骨肉相残者，而一体之仁亡矣。是故苟无私欲之蔽，则虽小人之心，而其一体之仁犹大人也；一有私欲之蔽，则虽大人之心，而其分隔隘陋犹小人矣。

故夫为大人之学者，亦惟去其私欲之蔽，以自明其明德，复其天地万物一体之本然而已耳。非能于本体之外，而有所增益之也。

曰：然则何以在“亲民”乎?

曰：明明德者，立其天地万物一体之体也，亲民者，达其天地万物一体之用也。故明明德必在于亲民，而亲民乃所以明其明德也。是故亲吾之父，以及人之父，以及天下人之父，而后吾之仁实与吾之父、人之父与天下人之父而为一体矣。实与之为一体，而后孝之明德始明矣。亲吾之兄，以及人之兄，以及天下人之兄，而后吾之仁实与吾之兄、人之兄与天下人之兄而为一体矣。实与之为一体，而后弟之明德始明矣。君臣也，夫妇也，朋友也，以至于山川鬼神鸟兽草木也，莫不实有以亲之，以达吾一体之仁，然后吾之明德始无不明，而真能以天地万物为一体矣。夫是之谓明明德于天下，是之谓家齐国治而天下平，是之谓尽性。

（选自《阳明先生集要·大学问》）

注释

［1］大人：儒学语境中，心性纯粹、心地善良、心怀天下者，为大人。

［2］明明德：弘扬内心善良光明的德性。第一个明是动词，弘扬、彰显意，第二个明是形容词，光明、善良意。《大学》提出的明明德、亲民、止于至善，被称为“儒学三纲”。

［3］天下：华夏与四夷，合起来称天下。这不是一个简单的空间概念，而是文化概念，其范围随着历史文化的发展而变化。

［4］中国：最早指尧的部落所活动的地区，在今山西南部襄汾县一带。后指华夏所居住的中原地区，与四夷地区对举。现在指包括台湾地区在内的中华民族实体和国家实体。

［5］间形骸（hái）：隔开人的形体。间，隔开。形骸，人的躯体。

［6］小人：儒学语境中，心性窄小、心地漠然、自私自利者，为小人。

［7］怵惕（chù tì）：恐惧。

［8］恻隐：面对他人他物的灾祸、苦难而受到情感震动，产生同情之心。恻，悲伤。隐，伤痛。

［9］觳觫（hú sù）：因恐惧而颤抖。

［10］戕（qiāng）物圮（pǐ）类：对世间人或物造成伤害、毁灭。戕，杀害。圮，塌坏、毁灭。

参考译文

“大学，以前的儒者认为就是大人之学。为什么大人之学在于弘扬人心内光明的德性呢？”

阳明子曰：大人，就是以天地万物为一体的人。他看待天下犹如一家，看待中国犹如一人。如果根据各人肉体而区分你我，那就是小人。大人能以天地万物为一体，并非刻意这样做，而是其内在仁德本来如此，自然而然形成了与天地万物而为一的心态与眼光。不光大人如此，小人之心也是本于其内在德性，只是他们自己局限了，所以显得小。

所以当我们发现别人的小孩掉到井里，一定会惊惧哀怜，这是因为我们内心之仁与小孩的命运连为一体。小孩还跟我们一样是同类，如果看见鸟兽的哀鸣颤抖，一定会生起同情，这是因为其内心之仁与鸟兽的命运连为一体。鸟兽还是有知觉的生物，容易激发同情心，即使是看见草木被摧折蹂躏，也一定会有怜悯之情，这是因为其内心之仁与草木的命运连为一体。草木还是有生机的，即使看见瓦石的残破毁坏，也一定会产生怜惜之意，这是因为其内心之仁与瓦石的命运连为一体。这种与天下万物同体共情之仁心，即使是小人心中也一定会存在。这种植根于天命之中的人类本性，自然而然地表现出来，不被其他事物遮蔽掩盖，这就是所谓“明德”。

小人之心本已受到一定的蒙蔽，因而常常变得自私狭窄，而其与万物同体的仁心还能表现出来，因为他尚有不被私欲膨胀蒙蔽本性的时刻。当他欲望膨胀本性被私心遮蔽，利欲熏心、私愤激荡，他将不惜摧毁万物、戕害同类，简直什么事都做得出来。严重的甚至干得出骨肉相残的勾当，而万物同体的仁心，此时已经死灭。所以说，如果没被私欲蒙蔽本性，即使是个小人，其万物同体的仁心，跟大人是一样的；一旦私欲猖獗，蒙蔽本性，即使是大人，其自私狭窄也是跟小人一样的。

所以，修习大人之学，就是革除私欲的蒙蔽，明察并彰显其内在的明德，修复其与天地万物同体共情的内在本性，而不是对其内在的本性，能有所增加扩展。

曰：然而，怎样才是“亲民”呢？

曰：所谓明明德，就是强化人们与天地万物同体共情的本体，所谓亲民，就是人们与天地万物同体共情的本体在社会政治层面的表现形式。所以，既然明明德，必将落实到亲民层面，只有落实到亲民层面，其明德才能真正彰显并展开。这样，亲自己之父，以及他人之父，以及天下所有人之父，然后我的仁心才能与自己之父、他人之父与天下所有人之父融为一体。我的仁心与天下父融为一体，孝之明德才能彰显。亲自己之兄，以及他人之兄，以及天下所有人之兄，然后我的仁心才能与自己之兄、他人之兄与天下所有人之兄，融为一体。我的仁心与天下兄融为一体，悌之明德才能彰显。其他如君臣、夫妇、朋友，一直到山川、鬼神、鸟兽、草木，无不以仁心亲之，以实现与天下万物同体共情，这样，我的内在明德才能从各个层面、各个方面、各个事物上彰显出来，这才是真正做到了与天地万物同体共情。这就是所谓明明德于天下，这就是所谓家齐国治而天下平，这就是所谓尽性。

赏析与写作指导

人与万物为一体

《大学》据说为孔子门生曾参所著，原是儒家经典《礼记》中一篇。宋儒将其提出来单独研究，给予崇高地位。朱熹花毕生精力，撰写《四书章句集注》，精心解读《大学》《中庸》《论语》《孟子》宏旨。从此，儒生将此四书与五经并列，视为儒学核心经典，合称“四书五经”。五经为《诗》《书》《礼》《易》《春秋》。

《大学》开篇提出“明明德、亲民、止于至善”三个重大命题，被后世儒家学者看作养心明志、为学求道、实现王道政治的三大纲领。

王阳明对三纲的阐发，特别强调人与宇宙万物的整体性、同一性。《庄子》云：“天地与我并生，而万物与我为一。”“之人也，之德也，将磅礴万物以为一。”《孟子》云：“万物皆备于我矣。”《礼记·礼运》云：“圣人耐（能）以天下为一家，以中国为一人。”当王阳明把“大人”看作“以天地万物为一体者”时，他背后深远的文化传统在支持他。

既然万物为一，那么由千千万万个体生命组成的人类，更加具有内在的同一性。王阳明此文，就极力揭示个体生命与其他生命的同一性和感应性。

王阳明行文特别有层次，一层层递进，一步步扩展。

“是故见孺子之入井，而必有怵惕恻隐之心焉，是其仁之与孺子而为一体也。”

“孺子犹同类者也。见鸟兽之哀鸣觳觫，而必有不忍之心，是其仁之与鸟兽而为一体也。”

“鸟兽犹有知觉者也，见草木之摧折而必有悯恤之心焉，是其仁之与草木而为一体也。”

“草木犹有生意者也，见瓦石之毁坏而必有顾惜之心焉，是其仁之与瓦石而为一体也。”

这种由近及远的层层展开，让人的生命无比辽阔浩大。有人说人是一切社会关系的总和，以上所引文字，实际上在论证人乃是一切宇宙关系的总和。

社会关系、人文关系，乃是儒学的重中之重。本文第二部分，作者从万物回到人世间，讨论宗法社会的人伦关系。

“是故亲吾之父，以及人之父，以及天下人之父，而后吾之仁实与吾之父、人之父与天下人之父而为一体矣。实与之为一体，而后孝之明德始明矣。”

“亲吾之兄，以及人之兄，以及天下人之兄，而后吾之仁实与吾之兄、人之兄与天下人之兄而为一体矣。实与之为一体，而后弟之明德始明矣。”

由血缘伦理关系的至亲至爱，扩展到天下万民的至亲至爱；由血缘伦理关系中的孝悌之德，扩展到天下万民间的谦恭之德。

儒学认为，人人皆可为尧舜。本文认为，不唯大人可以有如此博大的精神生命，小人也具有扩展精神生命的潜在心性。只要不被私欲恶念蒙蔽，只要彰显内心的善德，小人也可以成长为大人。故《大学》三纲，以“明明德”为首。

圣人之学，光照环宇，不遗尘芥之微也。

延伸知识

十二生肖与神秘的十二文化

中国人一出生就有个属相，诸如属牛属马之类，这个被称为生肖。生肖动物共有如下十二种：鼠、牛、虎、兔、龙、蛇、马、羊、猴、鸡、狗、猪。鼠年出生者属鼠，牛年出生者属牛。十二种动物各命名一年，十二年一轮回。

古人万物一体观念，从很多方面表现出来。十二生肖文化现象，即是其表现形式之一。

肖者，像也，类也。古人根据地球生物所处的宇宙位置和天体环境，认为其生存发展思维都会受环境之制约与影响，并形成了与此相适应的特征。月球、太阳、木星，都是或者离地球比较近，或者对地球影响巨大的天体，人类和地球万物受它们影响自然最为深刻。当地球（每年绕太阳一周）、月球（每年盈缺十二轮）、太阳（古人错以为每天绕地球一周）、土星（每十二年绕太阳一周）的运行轨道和运行周期各不相同，当它们处于不同的位置、构成不同的方位关系时，地球万物的生存状态、性格特征可能各不相同。鼠、牛、虎、兔、龙、蛇、马、羊、猴、鸡、狗、猪等动物，每年活跃的程度、每天活跃的时辰，也各不相同。鼠最活跃的年头出生的人，其命格、性格都类于鼠，牛最活跃的年头出生的人，其命格、性格都类于牛，以此类推。

与此相对应，古人对于十二年的轮回，还给每年都予以抽象的命名，依次为子、丑、寅、卯、辰、巳、午、未、申、酉、戌、亥。当抽象命名与十二生肖命名相会时，就形成这样的对应关系：子鼠、丑牛、寅虎、卯兔、辰龙、巳蛇、午马、未羊、申猴、酉鸡、戌狗、亥猪。有人说，十二生肖是十二地支的形象化代表。

出土文物显示，秦代已经有完备的生肖系统，说明在秦代之前很多年，古人就创造了这种神奇的生肖文化，并日趋成熟与定型。

现存文献中，最早完整表述十二生肖的著作是东汉学者王充的《论衡》。《论衡·物势篇》云："寅木也，其禽虎也；戌土也，其禽犬也；丑未亦土也，丑禽牛，未禽羊也。木胜土，故犬与牛羊为虎所服也。亥水也，其禽豕也；巳火也，其禽蛇也；子亦水也，其禽鼠也；午亦火也，其禽马也……午马也，子鼠也，酉鸡也，卯兔也。水胜火，鼠何不逐马？金胜木，鸡何不啄兔？ 亥豕也，未羊也，丑牛也。土胜水，牛羊何不杀豕？巳蛇也，申猴也。火胜金，蛇何不食猕猴？"

十二生肖观念，延伸到很多文化领域，至今对国人产生着深刻影响。比如婚配，国人常常讲某属相与某属相搭配很好，某两个属相犯冲，不可搭配。人们还相信本命年要么特别吉祥，要么会出现劫难，所以流行用红腰带辟邪的风俗。类似现象，不胜枚举。

根据长期的天文观察和物候体验，古人对“十二”具有集科学、迷信、宗教于一体的认知与重视，这种观念从中国文化的许多侧面表现出来。除了十二生肖、十二地支之外，每年分为十二月，每天分为十二时辰，黄帝诸子分为十二姓，天子娶妻妾尚十二，人体经脉分为十二，音乐分析为十二律，饮食有十二食，服制有十二衣，气候也被分为暗、阴、雨、雪、冰、雾、露、霜、风、沙、雷、电十二种。《木兰辞》云“军书十二卷”，三公九卿合为十二。

《礼记·礼运》有一段文字，连续多次提到十二：“五行、四时、十二月，还相为本也。五声、六律、十二管，还相为宫也。五味、六和、十二食，还相为质也。五色、六章、十二衣，还相为质也。”时令、乐律、饮食、服制，都讲究“十二”。

还有一些事物以十二的半数或倍数出现。朝廷长期实行六部制，十二之半数也。二十四节气、三十六计、三十六天罡星、七十二地煞星、一百零八将，都是十二的倍数。十二作为一个神奇的数字，既体现在对人身的描述上，也体现在对自然事物和文化事物的描述上，值得习者关注。

副课文

冤囚守信赴死

嘉庆初元，福州将军某，与总督伍公、巡抚浦公以事相忤，署方伯钱公则以争一优人有隙。会总督入觐，将军兼督篆，遂捃摭三人赃私事，并以福省州县亏空百万劾之。疏入，奉命查办，总督、巡抚、方伯皆正法。而所谓“百万之亏空”者，实无此数，乃以盐课及闲款凑成之。于是州县拟斩决者十七人，合省呼冤，而某扬扬自得也。

谳案既定，部覆未到，此十七人者发闽、侯二县监禁。二县以同官也，羁诸署中而已。一日者，有某令年六十余矣，向闽县令吉君泰恳曰：“我老，止一孙，今夜拟回寓一视，可乎？”吉许之。至明晨，部文至，署督即委吉君监斩。急使人至某寓，伪以他事促之。乃还报曰：“某已一早出门矣。”吉大窘，只得先押十六人赴辕，而拟自请逸囚罪。时天色惨淡，凄风苦雨，路人目之，皆为流涕。

比至督辕，而某持伞著屐，已候于门矣。吉心大慰，遽前握其手曰：“何不谋而先至此？”某曰：“我自家行至中途，闻部文已到，因思回署再至此，则路迂，故迳来就死耳。”吉不觉哭失声。是日十七人死后，吉痛哭，呕血满地，遂引疾归。

不二年，某移镇四川，又劾总督勒襄勤相国，而代之。未几，乃以纵贼渡河、贻误军机罪伏法。勒仍回任，闽人以为有天道焉。

——〔清〕陈其元《庸闲斋笔记·卷四》

思考与训练

1. 背诵十二生肖的顺序：鼠、牛、虎、兔、龙、蛇、马、羊、猴、鸡、狗、猪；子鼠、丑牛、寅虎、卯兔、辰龙、巳蛇、午马、未羊、申猴、酉鸡、戌狗、亥猪。

2. 背诵《大学》的开头部分：

大学之道，在明明德，在亲民，在止于至善。知止而后有定，定而后能静，静而后能安，安而后能虑，虑而后能得。物有本末，事有终始，知所先后，则近道矣。古之欲明明德于天下者，先治其国；欲治其国者，先齐其家；欲齐其家者，先修其身；欲修其身者，先正其心；欲正其心者，先诚其意；欲诚其意者，先致其知。致知在格物，物格而后知至，知至而后意诚，意诚而后心正，心正而后身修，身修而后家齐，家齐而后国治，国治而后天下平。自天子以至于庶人，壹是皆以修身为本，其本乱而末治者，否矣。其所厚者薄，而其所薄者厚，未之有也。此谓知本，此谓知之至也。

第十七课 人为天类

〔西汉〕董仲舒

本课内容均为董仲舒所著，由康有为编纂并加标题（康有为《董事春秋学卷六上》)。原文选录董仲舒《春秋繁露》中五则内容，分别摘自《为人者天》《观德》《人副天数》《官制象天》《天地阴阳》各文，本课仅保留其中三则。康有为秉承董仲舒主旨，建构人类与天类的同一关系，强调天是人类的祖先，以此凸显人类的尊贵、豪迈，也借天条天则来规范人类的品德和行为。

人物故事

董仲舒（前179—前104）：西汉广川（今河北景县广川镇）人，儒学史上影响巨大的思想家、政治家、教育家。汉武帝下诏征求治国方略，董仲舒提出“天人合一”天人感应学说和“推明孔氏，抑黜百家”的主张，使儒学成为中国社会正统思想，影响长达2000多年。他主张用《诗》《书》《礼》《易》《乐》《春秋》六经中的思想来作为判决案件的依据，作为法律的指导和补充。这种被命名为“春秋决狱”的思想，对中国法律实践和法律思想均有重大影响。主要作品有《春秋繁露》《天人三策》等。

主课文

为生不能为人[1]，为人者，天也。人之为人，本于天，天亦人之曾祖父也，此人之所以乃上类天也[2]。人之形体[3]，化天数而成；人之血气，化天志而仁；人之德行，化天理而义；人之好恶，化天之暖清[4]；人之喜怒，化天之寒暑；人之受命，化天之四时。人生有喜怒哀乐之答[5]，春秋冬夏之类也。喜，春之答也，怒，秋之答也，乐，夏之答也，哀，冬之答也。天之副在乎人[6]，人之情性有由天者矣，故曰受[7]，由天之号[8]也。(《为人者天》)

天德施，地德化，人德义[9]。天气上，地气下，人气在其间。天地之精，所以生物者，莫贵于人。人之绝于物而参天地[10]。

是故人之身[11]，首（上分下女）而员，象天容也；发象星辰也；耳目戾戾[12]，象日月也；鼻口呼吸，象风气也；胸中达知，象神明也；腹胞实虚，象百物也。百物者最近地，故要(腰)以下地也。天地之象，以要（腰）为带。颈以上者，精神尊严，明天类之状也。颈而下者，丰厚卑辱，土壤之比也。足布而方，地形之象也。是故礼带置绅，必直其要（腰）[13]，以别心也。带以上者，尽为阳；带而下者，尽为阴。各其分。阳，天气也；

阴，地气也。(《人副天数》)

生天地之间[14]，法太祖先人之容貌，则其至德，取象众名尊贵[15]，是以圣人为贵也。(《观德》)

(节选自《春秋繁露》)

注释

[1] 为生不能为人：人能生育人，但不能造就人。作者认为，只有天方可造就人，故有此言。

[2] 此人之所以乃上类天也：这就是人之所以类于天的原因。此，这，指上文“人之为人，本于天”。

[3] 人之形体：此句及以下几句，强调人与天的对应关系。在作者看来，人之肉体与精神，都是天的副本。

[4] 凊(qìng)：凉。

[5] 答：反应、应对。

[6] 天之副在乎人：天之副本就是人。

[7] 受：接受。

[8] 号：称谓。

[9] 天德施，地德化，人德义：天的德是施与，地的德是化育，人的德是仁义。

[10] 人之绝于物而参(sān)天地：人是超越于万物之上而与天地并列为三才的。绝，超越，参，即叁，配合成三。

[11] 是故人之身：此句开始，讨论人体各部位，与天地自

然各种特征的对应关系，以此证明天人合一、天人同一、天人感应的哲学思想和天人共贵的人文思想。

[12] 耳目戾戾：耳目分明。戾戾，分明。

[13] 必直其要：诸多版本，此句均为“必直其颈”。根据上下文意义，此处应为“腰”字。

[14] 生天地之间：此句省略主语人或人类。本段“法”“则”“取”“象”都是动词，效法、取法之意。“太祖先人”即指天。在董仲舒、康有为看来，天是人类的始祖。

[15] 取象众名尊贵：“取象天的众名尊贵”。名，名誉、声誉。众名，众多声誉，与后文尊贵同义。

参考译文

人能生育，却不能造就人。造就人的，是天。人之所以成为人，根源在于天，天就是人的始祖，此乃人类能够同于天类的原因。人的形体，禀受天数而成；人的血气，承袭天意而变得仁慈；人的德行，承袭天理而变得讲道义；人的好恶，感应于天的温暖与寒凉；人的喜怒，依据天的寒暑变化而起伏；人的命数，是依据天地四季变化而生成。人有喜怒哀乐情绪变化，那是对应着春夏秋冬的精神反应。喜悦，对应春的气息；愤怒，对应秋的气息；快乐，对应夏的气息；哀伤，对应冬的气息。人整个就是天的副本啊，人的情性整个就是由天赋予和塑造的，所以天是创造者，人是受造者，人受天命名。(《为人者天》)

天的德是施与，地的德是化育，人的德是仁义。天的气居上，地的气居下，人的气居于天地间。天地的精气，用来化生万物，万物中没有比人类更为高贵者。人能超越万物，与天地并列为三才。

所以人的身体也与天地自然相对应。人的头又大又圆，对应天的容貌；头发繁密，对应亿万星辰；耳目分明，对应昭昭日月；口鼻呼吸，对应风响气流；胸中睿智通达，对应天地神明；五脏六腑虚实有序，对应万物参差。万物最接近地面，所以腰以下就是大地。人作为天地自然的具体而微，以腰为界。颈部以上，精神端庄严肃，显示出与天类似的状态。颈部以下，丰硕厚实，位置卑下，类似于大地。足部展开接近方形，正是大地的形状。所以，按照礼数必须配置的腰带，一定要留下长长的绅带垂下来，使腰背挺拔端直，让它和心脏部位区别开来。腰带以上皆为阳，腰带以下皆为阴，各居名分。阳，乃天之气；阴，乃地之气。(《人副天数》)

人类生于天地之间，秉承太祖先人天地自然之容貌，就该效法其至高无上之德行，师从其美誉和尊贵，所以，这样做的圣人是至为尊贵的。(《观德》)

赏析与写作指导

标榜人的高贵与豪迈

在中国文化思想体系中，“天”是至高无上的存在。它既是自然，又是神。当需要强调天的主观意志时，古人喜用“上帝”一词。《诗经》《尚书》中均常出现，《春秋繁露》中也有上帝。

《为人者天》中没有出现“上帝”一词（但其母本之一《观德》中有），因为它不强调天的意志，而只强调人与天在存在方式上的同一性。董仲舒建构“天人合一”“天人感应”学说，必须以人的尊贵为前提。而人的尊贵观念，在中国古代极为发达。《礼记·冠礼》中所描述的成人礼，基本上是一种宗教仪式，人成为宗教的主体。在基督教世界，人是上帝的罪人，在中国文化语境中，人如此光明、尊贵、神圣，齐天齐地，故有天地人并列为三才之说。有人说中国文化是人文文化，定义非常准确。以人之尊贵为基础，建构人天同一之说，顺理成章。

《为人者天》第一段，从人的情性特征上，解读人与天的对应关系。“人生有喜怒哀乐之答，春秋冬夏之类也。喜，春之答也；怒，秋之答也；乐，夏之答也，哀，冬之答也。”“人之形体，化天数而成；人之血气，化天志而仁；人之德行，化天理而义；人之好恶，化天之暖清；人之喜怒，化天之寒暑；人之受命，化天之四时。”结论是“天之副在乎人”。把人说成天的副本，这是最彻底地凸显“人为天类”思想。

第二段，强调人超越万物，直接与天地并列为三才。“天德施，地德化，人德义。”这样将人与天地并列论之，埋下伏笔。“天气上，地气下，人气在其间。”再一次将人与天地并列论之，强化三者的平等关系。最后说出作者观点：“人之绝于物而参天地。”读者很容易就接受了。

第三段，从人类身体构造上，揭示人与天地自然的对应关系、类同关系。“首、发、耳、目、鼻、口、胸、腹、颈、腰、足”等，细细列举，一一对应。“首（上分下女）而员，象天容也；发象星辰也；耳目戾戾，象日月也；鼻口呼吸，象风气也；胸中达知，象神明也；腹胞实虚，象百物也。颈以上者，精神尊严，明天类之状也。颈而下者，丰厚卑辱，土壤之比也。”人就是天地宇宙的缩微，天地宇宙就是人的扩大。用现代科学术语说，人即是大宇宙的全息体。

第四段指出，既然人承袭了天之容貌，就一定要学习天的德行。有天容而又有天德，这才是真正的天类。“则其至德”——这是从正面对人类提出要求，不要浪费自己的天类身份和天类禀赋。

只有当人具有天类的尊贵身份和灵明禀赋时，才谈得上天人合一、天人感应。如果像基督教语境那样，把人理解为上帝的罪人，无论如何人是没有资格跟天玩“合一”“感应”的。

董仲舒那么多文章，《国学梯级公开课》为什么偏偏选一篇经过康有为加工的作品？因为康有为辑其文字凸显出“人为天类”的主题，把人的自信、自尊、高贵、豪迈标榜到了极点，最深刻地揭示了中国文化的人文特征。

中国文化的人文特征，当然不是始于董仲舒，六经即有很多相关阐述。《周易·乾卦》云：“夫大人者，与天地合其德，与日月合其明。”所以勉励“君子以自强不息”。《周易·系辞下》云：“有天道焉，有人道焉，有地道焉。兼三才而两之，故六。”

明确将人与天地并列为三才。《周易·说卦传》云："立天之道，曰阴与阳；立地之道，曰柔与刚；立人之道，曰仁与义；兼三才而两之，故《易》六画而成卦。"

《礼记·礼运》云："人者，其天地之德、阴阳之交、鬼神之会、五行之秀气也。"把人看作天地德性、阴阳能量、鬼神灵性、五行精华的集大成者。

《仪礼·士冠礼》记下了古人的成人仪式，那种浓郁的神圣感，强烈地表现了天大地大我大、"万物皆备于我"的自信、高贵与豪迈。中医甚至一直实践着"天地人三才一体"的医学模式，"一体"者，天地人三才合一也。

六经是远古文化的集大成者，而其思想基因，则肯定比六经早千百万年。董仲舒学说发展了古老文化的基因，故而对中国历史和社会产生了深远影响，并被尊奉为"中国文化的重要典宪"。

延伸知识

董仲舒的思想贡献

我读过几种辅导学生参加中考和高考的教材，其中介绍儒家学说的内容，列举了六位代表人物，他们是孔子、孟子、荀子、董仲舒、朱熹、王阳明。这从一个侧面说明了董仲舒在儒学史和思想史上的崇高地位。董仲舒对儒学的贡献，可以总结为以下几方面。

一者，天下必须建立大一统的统治秩序，杜绝王侯与大臣造反作乱，为此必须建立王侯大臣（民）服从天子、天子服从天意（墨子称之为“天志”）的政治秩序。“天人感应”学说，是为了论证天子权力来源（天）而建构的，也是为了对天子权力进行监督和制约。他说天子不可违背儒家仁政思想。如果天子不行仁政，国家会出现各种灾异，这是天在警示天子。如果天子心系百姓、广施仁政，国家会出现各种祥瑞，这是天在褒扬天子。

二者，他提出罢黜百家、独尊儒术的主张。把儒家天下为公理念、纲常思想、仁政学说，作为治国使民、掌控乾坤、沟通鬼神的指导思想。因为只有统一的道德理念和统一的价值观，才能长期维护国家认同，形成君民一致、朝野协同的凝聚力。他的主张，使中国政权第一次有了明确的国家意识形态，对大一统帝国的稳固和延续做出了巨大贡献。

三者，他认为应该把先王六经和儒家价值观落实在政治、法律、伦理、经济等一切方面。在诉讼决狱过程中，如果案情没有相关法律可以适用，就直接把六经价值观作为判决依据。这种主张被概括为“春秋决狱”。这种法律实践在中国历史上延续了2000余年。

孔子奔波一生，无法让他的学说落地生根。秦汉巨人造就了一个大一统的强大帝国，急需寻找一种国家意识形态，用以论证大一统政权的合法性，并为天下长治久安建构价值信念和治国理论。董仲舒的学说适合了这种时代需求，因而得到时代的认可和历史的欢迎，也可算是“理论联系实际”的一个案例吧。

副课文

金余二善人

余行年六十有四，生平所覯（gòu，遇见）豪杰俊雄之士甚多，而善人则止得二人焉：一为金华金乐鱼濠，一为无锡余莲村治。乐鱼少读书，不应试，家綦（qí，极）贫，而为善不倦。邑中掩埋育婴及一切诸善举，孜孜矻矻（zī zī kū kū），几欲以身殉之。人或笑其愚，不顾也。工书画，不肯多受人润笔，其廉介盖出于天性。咸丰元年，邑人公举应孝廉方正科，力辞不获，然总不肯易六品服，仍以布衣终身。

莲村以诸生得保训导蓝翎，然亦不求仕进。遇善事，必竭力成之，劝人为善，舌敝唇焦，不以为苦。遍游江浙地方，以因果戒人。如溺女、抢醮、淫杀诸事，谆谆诱掖劝化。人苟允之，即叩首以谢，不以为辱。又自撰院本，纠会数千金，以忠孝节义事演剧，名曰善戏。使观者兴起感动，然世俗习于浮丽，听古乐则惟恐卧，故志不得行，而莲村不悔也。第因之感化者，亦复不少。莲村曾于途中病甚，仆人陆庆乃截指和药救之，则其感人之深，可见也。

余摄南汇事，莲村来谒，出《小学》诸书，嘱令分布；又以《保婴》《恤嫠章程》见劝。余因于县境设立义学多所，又创立保婴、恤嫠等会，均见成效。皆莲村启余也。

乐鱼与莲村，皆规行矩步，不苟言笑，其乐善亦同出一辙。惜二君相距远，不获相见，使苟相遇，必有相视而莫逆者也。乐鱼殁已久，闻莲村今年始殁。严芝生太守告余，谓人传莲村已证真人之位者。余曰："使天堂无，则已，有则莲村、乐鱼二人者，必生天无疑矣。"

——〔清〕陈其元《庸闲斋笔记·卷十二》

思考与训练

1.“耳目戾戾，象日月也；鼻口呼吸，象风气也；胸中达知，象神明也；腹胞实虚，象百物也。”——2000年前一个大学者，把人体各部位与天地自然一一对应起来，说得有鼻子有眼。在今人看来，这种认识和思维未免牵强。这说明，今人的认识和思维，和古人有很大差异。其他方面的认识差异还有很多，请指出一两种，比如，关于“死生有命”“灵魂不灭”“灵魂转世”等。

____

____

____

2.副课文《金余二善人》云:“生平所覯豪杰俊雄之士甚多，而善人则止得二人焉。”为什么豪杰很多，善人很少？

____

____

____

第十八课　拟谕[1]英吉利国王檄[2]

〔清〕林则徐

题解

本文是林则徐在禁烟过程中，运用国际法准则与殖民主义者进行说理斗争的重要外交文献。全文充满善意，恩威并施，晓以大义，有礼有节，敦促英国国王管束臣民，终止“国家贩毒”。但是这种外交努力完全白费，英国政府以更加残暴的“国家战争”，来保护其“国家贩毒”。

人物故事

林则徐（1785—1850）：福建省侯官（今属福建省闽侯县）人，字元抚，又字少穆、石麟，晚号俟村老人、俟村退叟等。中国近代伟大的政治家、思想家、文学家、水利专家，也是经世济民的治国大才，反侵略、反殖民的民族英雄。官至一品，曾任湖广总督、陕甘总督和云贵总督。1839 年，林则徐以钦差大臣身份坐镇广州，调查洋商贩卖鸦片详情，强迫毒贩交出鸦片，并将没收鸦片于 1839 年 6 月 3 日在虎门销毁。虎门销烟是中国反殖民斗争的光辉开端，也是西方殖民史上遭遇的重大挫折。英国政军商各界气急败坏，悍然发动侵略战争。林则徐全力组织抵抗，但被朝廷撤职流放到新疆。他精研新疆山川、历史和对外交往，形成“抗英防俄”的国防思想，成为近代“防塞论”先驱。他将详备的新疆资料交给布衣学者左宗棠，为日后左宗棠收复新疆提供了铺垫。他发明坎儿井（林公井）振兴新疆农业。他编撰《畿辅水利议》，主张在河北、西北地区创造水利条件以便大面积推广水稻种植。林则徐是率先研究西方世界的中国政治家和学者，为了研究西方国家，他努力学习英语、葡萄牙语，组织人力翻译西方报刊和图书，支持魏源将这些译文编辑加工为《海国图志》，对晚清洋务运动和日本明治维新运动有所启发。他按国际法原则主持缉毒禁烟运动，是中国引进国际法第一人。他不愧是标领一个新时代的历史巨人。

邓廷桢（1776—1846）：字维周，又字嶰筠，晚号妙吉祥室老人、刚木老人。南京人。鸦片战争名将之一，民族英雄。嘉庆六年（1801）进士，工书法，擅诗文，授编修，官至云贵、闽浙、两广总督，与林则徐协力查禁鸦片，击退英舰挑衅。有《石砚斋诗抄》等多部著作传世。

瓜尔佳·怡良(1791—1867)：清朝大臣。字悦亭，瓜尔佳氏，满洲正红旗人。1838 年 2 月任广东巡抚，积极配合林则徐主持的禁烟运动，并支持关天培在鸦片战争初期的抵抗活动。后屈从投降派耆英和侵略者璞鼎查压力，将英勇抗英、保卫台湾的民族英雄台湾兵备道姚莹、台湾总兵达洪阿，押往京城法办。

主课文

洪惟[3]我大皇帝，抚绥[4]中外，一视同仁，利则与天下公之，害则为天下去之，盖以天地之心为心也。贵国王累世相传，皆称恭顺。观历次进贡表文云“凡本国人到中国贸易，均蒙大皇帝一体公平恩待”等语。窃喜贵国王深明大义，感激天恩，是以天朝柔远绥怀[5]，倍加优礼，贸易之利，垂二百年。该国所由以富庶称者，赖有此也。

惟是[6]通商已久，众夷良莠不齐[7]，遂有夹带鸦片，诱惑华民，以致毒流各省者。似此但知利己，不顾害人，乃天理所不容，人情所共愤。大皇帝闻而震怒，特遣本大臣来至广东，与本总督部堂、巡抚部院会同查办。凡内地民人贩鸦片食鸦片者，皆应处死。

若追究夷人历年贩卖之罪，则其贻害深而攫利重，本为法所当诛。惟念众夷尚知悔罪乞诚，将趸船鸦片二万二百八十三箱，由领事官义律禀请缴收，全行毁化，叠经本大臣等据实具奏。幸蒙大皇帝格外施恩，以自首者情尚可原，姑宽免罪，再犯者法难屡贷[8]，立定新章。谅贵国王响化倾心[9]，定能谕令众夷，兢兢奉法，但必晓以利害，乃知天朝法度，断不可以不懔遵[10]也。

查该国距内地六七万里，而夷船争来贸易者，为获利之厚故耳。以中国之利利外夷，是夷人所获之厚利，皆从华民分去，岂有反以毒物[11]害华民之理？即夷人未必有心为害，而贪利之极，不顾害人，试问天良安在？闻该国禁食鸦片甚严，是固明知鸦片之为害也。既不使为害于该国，则他国尚不可移害，况中国乎！

中国所行于外国者，无一非利人之物。利于食，利于用，并利于转卖，皆利也。中国曾有一物为害外国否？况如茶叶、大黄[12]，外国所不可一日无也。中国若靳[13]其利而不恤其害，则夷人何以为生？又外国之呢羽哔叽，非得中国丝斤[14]不能成织。若中国亦靳其利，夷人何利可图？其余，食物自糖料、姜桂而外，用物自绸缎磁器而外，外国所必需者，曷可胜数。而外来之物，皆不过以供玩好，可有可无。既非中国要需，何难闭关绝市。

乃天朝于茶、丝诸货，悉任其贩运流通，绝不靳惜。无他，利与天下公之也。该国带去内地货物，不特自资食用，且得以分售各国，获利三倍。即不卖鸦片，而其三倍之利自在。何忍更以害人之物，恣无厌之求[15]乎？设使别国有人贩鸦片至英国，诱人买食，当亦贵国王所深恶而痛绝之也。向闻贵国王存心仁厚，自不肯以己所不欲者，施之于人。

（《晚清文选·卷上·拟谕英吉利国王檄》）

注释

［1］谕（yù）：告诉。

［2］檄（xí）：古代官府用以征召或声讨的文书。

［3］洪惟：句首语气助词。

［4］抚绥（suí）：安抚，安定。

［5］柔远绥怀：安抚远方归顺者。柔，善待，动词。远，远方顺民，名词。绥，安抚，动词。怀，归附者，名词。

［6］惟是：句首语气助词。

［7］良莠（yǒu）不齐：好的坏的混杂在一起。

［8］法难屡贷：法律难以反复饶恕屡教不改的罪犯。贷，饶恕。

［9］响化倾心：认同教化，诚意归服。

［10］懔（lǐn）遵：谨遵。懔，恐惧。

［11］毒物：指鸦片。

［12］大黄：多年生草本植物，用作食材和药材。

［13］靳（jìn）：吝惜。

［14］丝斤：蚕丝以斤计量，故也称丝斤。

［15］无厌之求：永不满足的欲求。厌，满足。

参考译文

我天朝大皇帝，恩抚中外，一视同仁，利益与天下万民共享，祸害则为天下万民消除之，因为大皇帝以天地善心为心。贵国王世代传袭，世称恭顺。审查历次进贡表文，有“凡本国人到中国贸易，均蒙大皇帝一体公平恩待”等语。很高兴贵国王深明大义，感激天恩，所以我天朝善待远民、安抚顺民、贸易让利的传统，流贯200年。贵国之所以以富庶闻名于世，有赖于此也。

贵国商人来华贸易已久，但众夷商良莠不齐，有人夹带鸦片，诱惑华民，以致此毒品流布全国各省。像这样只知利己，不顾害人，乃天理所不容，人情所共愤。我天朝大皇帝闻而震怒，特派遣本大臣来到广东，与本总督部堂、巡抚部院会同查办。凡内地民众贩鸦片食鸦片者，按律都应该处死。

如果追究贵国不法夷商历年贩卖鸦片之罪，则其贻害甚深，攫利甚广，本应按法诛戮。惟念众夷尚知诚恳悔罪，将趸船鸦片 20283 箱，由领事官义律禀请缴收，全部销毁，经本大臣等反复据实奏报，幸蒙大皇帝格外施恩，认为自首者情尚可原，姑且宽恕其罪，免于制裁。但是，法律难以反复饶恕屡教不改的罪犯，我们已经颁布新的法规，惩治惯犯。相信贵国王会认同教化，诚意归服，一定能晓谕众夷，诏令奸商，让他们谨慎守法。贵国王一定要对他们晓以利害，他们才能明白，天朝法度，断不可不诚惶诚恐地遵循。

查贵国距我天朝六七万里，而夷船不远万里，争相前来贸易，就因为获利过于优厚。将中国之利惠惠于外夷，外夷所获之利惠，都是从中国商民手里分出去的，外夷怎么能反而以毒品来回报中国人？也许外夷不是存心祸害中国，只是为了牟取暴利，不顾他人安危，这不也是丧尽天良吗？听说贵国法律严格禁止吸食、买卖鸦片毒品，这说明你们深知鸦片之为祸惨烈。既然不许它为害于本国，那也应该不许它为祸于他国，何况我天朝华夏呢！

中国所卖给外国人的，没有一种不是利人之物。利于食，利于用，并利于转卖，所有货物都是利益的来源。中国有过一种货物是祸害你们外国人的吗？何况，我们提供的茶叶、大黄，外国人一天也离不开。如果我们中国也像你们外国人一样垄断利源，祸害他国，你们将何以为生？还有，你们外国的呢羽哔叽，没有中国蚕丝不能纺织成物。如果中国也像你们外国人一样垄断利源，你们还能到哪里去赚钱？此外，食物自糖料、姜桂而外，用物自绸缎、磁器而外，外国所必需者，不可胜数。而你们外国人提供给中国市场的，不过是一些奇淫技巧的玩赏之物，皆属可有可无之物。这些玩物并非中国所需，我们闭关绝市，没有任何损失。

天朝对茶、丝诸货，全都任由你们贩运流通，绝不吝惜。没有别的原因，因为天朝奉行与天下万民分享利益的仁政。你们英国夷商带去的天朝物产，不只可以卖给英国人消费，还能卖给外夷各国谋利，利率高达成本的三倍。即使你们禁绝鸦片买卖，从中国物产所得三倍之利也可以源源不断。你们为什么还用祸国殃民的鸦片毒品，来满足你们的贪婪呢？假如外国有人贩鸦片毒品到英国倾销，毒害英国民众，相信贵国王也必定深恶痛绝而不能接受吧。一直听说贵国王存心仁厚，相信你不会以自己所禁绝的毒品，加害于他人。

赏析与写作指导

恩威并施说鸦片

本文是以钦差大臣林则徐、两广总督邓廷桢、广东巡抚怡良联合署名的外交文件。林则徐主持禁烟期间，认为除了收缴鸦片、打击毒贩之外，还应展开外交斗争。他委托西方传教士从法文翻译出《国际法》，按其所述原则，于1839年起草了这份外交文件，并送交道光皇帝审阅。

道光认为该照会“得体周到”，降旨“即行照录颁发该王国”。林则徐便让理藩院官员袁德辉将其译成英文，还请英国医生校对英译文。1840年1月18日，林则徐将该文件英文版交英船“担麻士葛”号船主弯喇带往伦敦。这是林则徐运用国际法准则与殖民主义者进行说理斗争的重要外交文献。

本文先是肯定中英贸易的基本面是好的，“窃喜贵国王深明大义，感激天恩，是以天朝柔远绥怀，倍加优礼，贸易之利，垂二百年”。

然后指出，也有少数不法英商沦为毒贩（实际不止少数）。“惟是通商已久，众夷良莠不齐，遂有夹带鸦片，诱惑华民，以致毒流各省者。似此但知利己，不顾害人，乃天理所不容，人情所共愤。”林则徐明确指出鸦片毒贩触犯中国法律，是我们严厉打击的对象，本当格杀勿论。“凡内地民人贩鸦片食鸦片者，皆应处死。若追究夷人历年贩卖之罪，则其贻害深而攫利重，本为法所当诛。”

此处强调了天威难犯，你的贩毒臣民惹上大事了。

下面笔锋一转，告诉英国国王，你家毒贩虽然“法所当诛”，本大臣并不想真的诛杀。“惟念众夷尚知悔罪乞诚，将趸船鸦片二万二百八十三箱，由领事官义律禀请缴收，全行毁化，叠经本大臣等据实具奏。幸蒙大皇帝格外施恩，以自首者情尚可原，姑宽免罪。”

这次不杀并不是天威无限，只是威外施恩，给你们改过自新的机会。希望你们珍惜这种机会。“谅贵国王响化倾心，定能谕令众夷，兢兢奉法。但必晓以利害，乃知天朝法度，断不可以不懔遵也。”如果你们不改过，不自新，“不懔遵”，而是继续冒险贪利、毒害吾国，那么“法难屡贷”，天威必将降临。

所谓恩威并施，就是打一把摸一把，打一把打过了，摸一把也摸过了。下面就是晓之以理，动之以情，把对方当作一个良知未泯的正常人，晓以大义。所以，林则徐从两方面给他们讲道理。

其一，你们英国禁止本国国民食用鸦片，却以国家力量（东印度公司实际上是国家殖民机构）向我中国输入鸦片，不合天理啊。“以中国之利利外夷，是夷人所获之厚利，皆从华民分去，岂有反以毒物害华民之理？即夷人未必有心为害，而贪利之极，不顾害人，试问天良安在？闻该国禁食鸦片甚严，是固明知鸦片之为害也。既不使为害于该国，则他国尚不可移害，况中国乎？”

其二，我华夏敞开大门让英国商人赚钱，你们经营合法商品茶、丝、瓷器之类，足够发大财，为什么一定要用鸦片毒害吾国呢？“天朝于茶、丝诸货，悉任其贩运流通，绝不靳惜。无他，利与天下公之也。该国带去内地货物，不特自资食用，且得以分售各国，获利三倍。即不卖鸦片，而其三倍之利自在。何忍更以害人之物，恣无厌之求乎？”

其三，林则徐还要英国国王设身处地想想中国的屈辱和难处。“设使别国有人贩鸦片至英国，诱人买食，当亦贵国王所深恶而痛绝之也。”甚至以“己所不欲，勿施于人”的圣人天条教化之。“向闻贵国王存心仁厚，自不肯以己所不欲者，施之于人”，期望英国国王受到圣心感化，立地成佛。中国政治家用心何其良苦哉！

本文充满善意，恩威并施，晓以大义，有礼有节，也符合西方列强所标榜的国际法原则。可是，它没有产生预期的外交效果，不久以后，英国政府派出强大舰队，悍然发动侵略中国的鸦片战争。林则徐进行了坚决抵抗，挫败了英国侵略者的图谋。可是，英国侵略军避强打弱，放弃林则徐主政的广东，转而攻击福建、浙江沿海。朝廷主政君臣一味卖国投降，撤销林则徐职务，并将其发配新疆，改派卖国大臣满族权贵琦善主政广东。

琦善撤销沿海防御，遣散兵勇，仅留水师三分之一，以此讨好毒贩和英帝国。反抗侵略的台湾官员姚莹、达洪阿受到朝廷审判。鸦片战争全面失败，清政府割地赔款，息事宁人。中华民族从此沦入深重漫长的屈辱之中。

延伸知识

中国近代史上的另一种鸦片

林则徐想利用西方人制定的国际法，说服那些强盗停止对中国贩毒和侵略，当然是徒劳的。当时的国人还对西方传教士怀有天真的幻想，指望他们从天理和上帝之爱出发，主持公道，遏制西方的劫掠和屠杀。这只能说明，中国那些官员在面对一种陌生文化时，对他们的根性和长远战略严重缺乏了解，不明白传教士送来的所谓宗教，不过是改换面貌的另一种鸦片。

传教士进入中国，明代即有。但是大规模来华，则是鸦片战争之后。正如清末名臣张之洞，在《劝学篇》中所言："天主耶稣之教行于地球十之六，兵力为之也。"西方殖民者用枪炮送来的传教士，可不是善心斋公。他们跟明火执仗的鸦片贩子是一伙的，都是来征服中国，让中国成为他们的聚宝盆的，仅仅分工不同而已。

就以英国传教士李提摩太为例。他是中国变法维新运动的积极支持者，甚至可以说是参与者。但他的变法目的与路径跟康有为大相径庭。康有为希望在学习西方的同时，通过强化儒家传统，增强中华民族的精神凝聚力，以便更有力地抵抗西方列强的屠杀与掠夺，这让李提摩太非常失望。

所以，李提摩太一面尽力介入变法维新活动，力求扩大自己的政治影响力，一面对康有为提倡孔教提出严厉批评。他反复指出，必须用一种新道德来改造中国国民，这种新道德是什么呢？他说：“我们认为一个彻底的中国维新运动，只能在一个新的道德和新的宗教基础上进行。……只有耶稣基督才能提供给中国所需要的这个新道德的动力。”（顾长声《李提摩太传》）这种为中国政治文化运动牢牢把握道德方向的巨大热情，跟他的传教热情和殖民热情相表里。

李提摩太教导中国不要看重国家利益，而应该将公理和正义放在第一位，言下之意，只有放弃国家利益才能救中国。

他以拯救者的口气说：“至于为了拯救中国的其他问题，我已经尽了我最大的努力。但是满人拒绝教化，不肯聘用友好的外国人帮助。有些清政府的高级汉族官员，也刊刻文书侮辱西方的善人。他们学习西方的陆军和海军事务，他们开发矿藏，目的是要抵抗外国人并将他们驱赶出中国。满人和一些高级官员方面的这种不友好甚至痛恨一切外国人的态度，造成了上帝不可能赐权力给他们，这些准则几乎摧毁了中国。要拯救中国，以至于拯救全世界，靠的不是培植军国主义，而是友善。但愿中西方的善人坚持他们的善举，把和平、善意和良善作为他们的奋斗目标。这样，繁荣昌盛就会及时来临。如果一个国家只是首先寻求其本国的利益，而把实行公义放在第二位，那么，不管那个国家有多么伟大，也不管是中国或欧洲国家，都是不会持久的。”（顾长声《传教士与近代中国》）听这言谈，好像英国夷商贩卖鸦片、英国政府派出舰队侵略中国，都不是为了谋求英国“本国的利益”，而是为了推行“公义”，这种睁着眼睛说瞎话的殖民骗子，就是西方传教士的典型代表。

李提摩太把中国的被“摧毁”，不是归咎于西方列强的屠杀与掠夺，而是归咎于中国不甘遭遇屠杀与掠夺的内在愿望，以及反抗这种屠杀与掠夺的自由意志，这显然是颠倒乾坤之论。这些殖民者正是靠“军国主义”杀遍全世界的，李提摩太就十分忌讳中国学习“军国主义”，唯愿中国“和平、善意和良善”地对待西方掠夺者。原因十分简单，如果世界各国都奉行强军路线，西方就无法靠军国主义征服全世界。如果全世界都能够“和平、善意和良善”地对待西方殖民者，殖民者就能大大降低征服和掠夺的成本。

副课文

英商讹诈中国官府

今世遇有条教禁约（法律条文）之事，上官必曰出示晓谕，曰多出示晓谕。于是匿示不张者，有罚；出示不遍者，有罚。上官以为立法周密矣。而属吏之复于上官者，亦不过曰已出示晓谕矣，已多出示晓谕矣。更有格外认真者，曰已勒石（刻石碑）晓谕矣。一晓谕，而上官之心已尽，属吏之责亦卸，庸讵知蚩蚩之氓，固有一字不识者乎？民不识字，则不特出示无益，即勒石之示亦复何益哉！

同治丁卯九月，有英国商人载煤夹板船，于大洋胶沙而沉，煤遂散浮海面，南汇海滨之民，咸捞获储于家。固不见洋船也，但识为洋煤而已。未几，有洋人挟通事来县见余，谓南民抢掠其煤，焚烧其船，索赔银五万两。余以其语涉狂诞，拒之去，而密遣人赴海滨察得其情。因思我民断无赔银之理，而洋人必不肯已。若不查还其煤，必致肇衅（闹事）。事闻总理衙门，所伤实多，则不赔而赔矣，且庸知不饬令赔者？不如先事图之。

遂选干差，往沿海各村挨查，而缮（shàn，写）手谕数百张，挨村遍贴，剀切（kǎi qiè，通情达理）晓谕，令将捞存之煤缴向公所，免致拖累云云，语极谆切（zhūn qiè，诚恳）。又亲自赴乡督查，乃沿海之地延袤计有百余里，一时不能周历，而英国领事官已照会上海道，札委华洋同知陈君宝渠，暨伊国施翻译官，偕洋商来，并令火轮船驶至海面巡逻，开炮示威，势汹汹然，民情震恐。而洋商则仍力持赔银五万之说以相恫喝（dòng hè，威胁、恐吓）。余大声疾呼，以理折之，洋商气稍沮（jǔ，神气收敛、萎顿），然总执赔银之说，惟不言五万耳。余曰："若尔以失煤之故，乞我代为查还，我体两国交好之情，自然竭力查办。若言赔银，是讹诈矣，讹诈则安有交情？我官可去，尔银不可得。"于是陈君亦以正谊责之，其翻译官从而调停之，则须查煤矣。

余于次日，复偕施翻译暨洋商，到海滨审视，一片汪洋，无从究诘，相顾无策。余乘其意气消沮之时，因与约，查得煤若干，即以若干还之，令其先归听信。而自向最大之村落名泥城者，集众谕话。附近各村之民聚观者，不下数万人。余先以夷情谕之，又以拼一官保卫百姓之语告之，更以手谕之意，反覆开导数百言。乡人多有感动泣下者，云实不知有此道理，于是均愿以所捞之煤送还。余喜，问曰：“尔等岂不见我手示乎？”则万口同声对曰：“虽经见示，实无一人识得字也。”余不觉骇然疑，因历询保董诸人，所言如一。余又不禁慨然叹，始悟古人悬书、读法之意。悬书以治识字之人，读法以治不识字之人耳。

是役也，共收缴煤十八万斤，皆以舟由内河运还之，匝月竣事，共费钱千缗，悉余捐给，不以累民，民得晏然无事。至次年，余遂于境内乡镇，设立义学二十所，俾（bǐ，使）之读书识字。海滨之人靡然从风，即泥城左近亦自捐置义学二所，不禀于官。从此南邑四郊之内，弦诵之声相闻矣。

——〔清〕陈其元《庸闲斋笔记·卷十二》，

原名《愚民不解文告》

思考与训练

1. 鸦片战争以降，至新中国成立前，中国在与西方列强交往交涉过程中，绝大多数时期，都犯有一个根本的错误，就是认为通过讲道理或者通过割地赔款能够化解列强的殖民侵略行为，所以朝廷君臣争先恐后地给列强宣讲道义，不惜代价地割地赔款。从两次鸦片战争到八国联军屠戮中国，到两次世界大战，再到今天美国挑起贸易战，一系列事实证明，列强殖民和侵略，本身就是不讲道理。他们只要钱，不要脸。而且要钱没有止境，再多的割地赔款都无法满足其“无厌之求”。这是由资本主义的利益逻辑和霸权逻辑决定的。请习者细思，什么样的情形才能遏制他们的“无厌之求”？

____

____

____

2. 细读副课文《英商讹诈中国官府》，用现代汉语翻译下列句子：“未几，有洋人挟通事来县见余，谓南民抢掠其煤，焚烧其船，索赔银五万两。余以其语涉狂诞，拒之去，而密遣人赴海滨察得其情。因思我民断无赔银之理，而洋人必不肯已。若不查还其煤，必致肇衅（闹事）。事闻总理衙门，所伤实多，则不赔而赔矣，且庸知不饬令赔者？不如先事图之。”

____

____

____

第十九课 工不行大同则将成国乱

〔清〕康有为

大机器工业生产，如何才能真真切切地造福人类而不是祸害人类？本课认为，关键是不能任由资本的力量进行产业战争，不能任由机器剥夺劳动者的劳动权利和就业机会。何种信念能够遏制资本力量的膨胀，作者认为，那就是大同理想，故篇名全称为“工不行大同则工党业主相争，将成国乱”。

人物故事

康有为（1858—1927）：见《康有为讲学时代》人物故事。

主课文

若夫工业之争，近年尤剧。盖以机器既创，尽夺小工[1]。畴昔手足之烈，一独人可为之者，今则皆为大厂之机器所攘[2]，而小工无所谋食矣。而能作大厂之机器者，必具大资本家而后能为之。故今者一大制造厂、一大铁道轮船厂、一大商厂，乃至一大农家，皆大资本家主之。一厂一场，小工千万，仰之而食；而资本家复得操纵轻重小工之口食而控制之，或抑勒[3]之，于是富者愈富，贫者愈贫矣。

机器之在今百年，不过萌芽耳，而贫富之离绝如此；过是数十年，乃机器发达长上之秋，树干分枝布叶之时也。自尔之后，资本家之作厂[4]商场，愈大愈远；银行周国土，铁道贯大地，商船横五洲，电线裹大地，其用工人至为亿为兆而不止，如小国焉。其富主如国君，其百执事如士大夫，其作工如小民，不止贫富之不均，远若天渊，更虑昔者争土地、论贵贱之号为国者，改而争作厂、商场，以论贫富为国焉。则旧国土之争方息，而新国土之争[5]又出也，此其贻祸于人群，岂可计哉！

夫人事之争，不平则鸣，乃势之自然也。故近年工人联党之争，挟制业主，腾跃于欧美，今不过萌蘖[6]耳。又工党之结联，后此必愈甚，恐或酿铁血之祸。其争不在强弱之国，而在贫富之群[7]矣。从此百年，全地注目者必在于此。故近者人群之说益昌，均产之说益盛，乃为后此第一大论题也。然有家之私未去，私产之义犹行，欲平此非常之大争而救之，殆无由也[8]。

（选自《大同书·庚部第二章》）

注释

［1］小工：工人。

［2］攘：侵夺。

［3］抑勒：压制。

［4］作厂：工厂。

［5］新国土之争：新形态的根本利益之争，指产业战争。

［6］萌蘖：萌芽。

［7］贫富之群：过去以国界分人群，如今以贫富分人群。

［8］殆无由也：大概没有途径解决（贫富之群的大争）。

参考译文

世界工业竞争越来越激烈。机器生产出现之后，取代人工。以前的很多工作，只有人才能做的，现在多被大厂之机器侵夺，工人因此失业，无处谋生。能投资大厂和机械装备的，都是大资本家。如今凡大工厂、大铁道轮船厂、大商厂，乃至大农场，都被大资本家控制。一厂一场，有许多工人靠它谋生；资本家业已操纵工人口粮而掌控之，或压制之，于是富人越来越富，穷人越来越穷。

大机器生产从出现到现在只有一百年，不过是萌芽状态，贫富悬殊已如此严重；往后几十年，是大机器生产必将迅猛发展的时代，犹如树干分枝布叶扩展到一切领域。再往后，资本家的工厂商场，越来越大；银行遍布国土，铁道贯通大地，商舶纵横五大洲，电线网络覆盖大地，其雇用员工千千万万，人口规模犹如一个小国家，资本家就如国君，高管人员犹如执掌国柄的士大夫，被雇用的员工则如庶民。不只是贫富悬殊，大如天壤之别，更可能把往昔争土地、论贵贱的政治斗争，改变为争生产、争市场、争贫富的产业战争。那么，旧国土的争端刚刚停止，而新国土（产业）的争端又起。这种产业战争对人类社会的祸害，不可估量啊！

人类社会的矛盾冲突，不平则鸣，势所必然。所以，近年以来，在欧美国家许多工人联合起来与资本家抗争，已经很活跃、很激烈，但还不过是萌芽而已。以后许多工人组织结成联盟，共同抗争，必将越来越兴盛，恐怕难免刀枪相见，遍地流血。这种斗争不是发生在强弱不同的国家之间，而是发生在贫富分殊的人群之间。此后百年，全球关注的重点必将在于此种斗争。所以，近来社会政治学说日益发达，均产平等观念日益昌盛，这将是往后最大的思潮。然而，私有制依然大行其道，占有私产的观念依然是主流观念，想平息不同等级贫富分殊导致的等级斗争，大概没有可行的途径。

赏析与写作指导

老祖宗的教诲

本课标题全称是“工不行大同则工党业主相争，将成国乱”，作者康有为认为，大机器工业生产，如果按大同理想进行，将造福人类，如果不能按大同理想进行，则只能引起产业战争，造成国家动乱和人民苦难。

《大同书》不但宏大高远，而且极为明敏。本课所提出的问题，至今仍有现实性。

“盖以机器既创，尽夺小工。畴昔手足之烈，一独人可为之者，今则皆为大厂之机器所攘，而小工无所谋食矣。”机器与工人争夺就业机会和劳动权利，工业化以来，一直是困扰社会的大问题。今日机器水平突飞猛进，机器人拔地而起，机器（人）与工人的矛盾与博弈，比康有为时代严重得多。

“今者一大制造厂、一大铁道轮船厂、一大商厂，乃至一大农家，皆大资本家主之。一厂一场，小工千万，仰之而食；而资本家复得操纵轻重小工之口食而控制之，或抑勒之，于是富者愈富，贫者愈贫矣。”资本垄断对产业生态造成的破坏，以及对贫富悬殊带来的严重影响，自康有为时代至今，愈演愈烈。不唯一国之内不同群体之间贫富天壤之别，国与国之间也在资本垄断、技术垄断中，贫富差距越拉越大。殖民列强主导下的全球化带给我们的不是“大同”，而是越来越严重的不平等。

“昔者争土地、论贵贱之号为国者，改而争作厂、商场，以论贫富为国焉。则旧国土之争方息，而新国土之争又出也，此其贻祸于人群，岂可计哉！”康有为写作《大同书》的清末时期，西方殖民列强的殖民模式，主要还是直接控制殖民地国土，以政治军事实力实现财富掠夺。那时康有为已经预见到，日后将会以产业战争取代国土战争，控制了产业，也就控制了财富。所谓“新国土之争”，就是产业战争。

“夫人事之争，不平则鸣，乃势之自然也。故近年工人联党之争，挟制业主，腾跃于欧美，今不过萌蘖耳。又工党之结联，后此必愈甚，恐或酿铁血之祸。其争不在强弱之国，而在贫富之群矣。”康有为学贯中西，对西方世界资本主义发展初期所造成的阶级分化和阶级对抗深有洞察，对此起彼伏的穷人反抗运动有所了解，故其预言“贫富之群”的斗争将会成为未来的“铁血之祸”。其实在康有为写作《大同书》之前，西方工业国家的工人运动，早就此起彼伏，风云激荡，马克思主义就是由这种时代风云催生的。只是当时马克思主义并没有传播到中国。工人运动的信息，康有为从那些汉译著作中也未必知道很多，但是，康有为是个极其具有洞察力的思想家，他从社会演化的趋势中，看出了这种斗争将是未来人间斗争的重点。

而且，康有为实际上提出了“阶级斗争”的概念。“工党之结联，后此必愈甚，恐或酿铁血之祸。其争不在强弱之国，而在贫富之群矣。从此百年，全地注目者必在于此。”文中“人群”与“国”对举，所指即是国内不同的等级或阶级群体。“贫富之群”斗争，就是贫富阶级之间的“阶级斗争”。

由于西方先发国家对殖民地的掠夺能力日益增强，资本控制的西方国家用一小部分掠夺所得，在国内大力发展社会保障，使得这种阶级对抗的“铁血之祸”，没有导致西方国家的覆亡。但是，它以其他形式，在第三世界国家不断扩展开来。比如，西方列强对后发国家的资源控制、市场控制、政治颠覆、金融剪羊毛，使得大量第三世界国家处于持续的或间歇性的政治动荡和阶级冲突之中。

“有家之私未去，私产之义犹行，欲平此非常之大争而救之，殆无由也。”康有为作为中国读书人，知识底子是五经，天下为公是其基本信念，故对于私产膨胀、资本垄断的主张与现实，均不可接受。他预言，照西方资本主义逻辑发展下去，人类社会的矛盾只会越来越尖锐，那是一条“无由”消弭“大争”的自杀式死胡同。故他特著《大同书》，欲将人类从那条死胡同中引导出来。

大同理想的文化支撑是“天下为公”价值观，这种追求深深植根于《尚书》《礼记》《春秋》中，深深植根于中华精神文化的血脉中。康有为学贯中西，面对的是西方殖民者对全球各国的掠夺与屠杀，要解决的问题是包括中国人民在内的世界各国人民的生存与幸福，他用来解决问题的主要文化资源和思想依据，依然是老祖宗的教诲。他虽然没有找到解决问题的现实道路，但其历史洞察力和文化立场是可称道的。如此杰出的思想家，在近代舞台上仅昙花一现，实在可惜。今日学人，应该从康有为的文化立场和思想资源中汲取营养。

延伸知识

行己专为救众生

康有为在自著年谱《我史·光绪十年》中，描述了他求道开悟的过程，那年他 26 岁。他说，这年认识到立身行事（行己）的目标和使命。

“其来现也，专为救众生而已，故不居天堂而故入地狱，不投净土而故来浊世，不为帝王而故为士人，不肯自洁，不肯独乐，不愿自尊，而以与众生亲。为易于援救，故日日以救世为心，刻刻以救世为事，舍身命而为之。以诸天不能尽也。无小无大，就其所生之地，所遇之人，所亲之众，而悲哀振救之，日号于众，望众从之，以是为道术，以是为行己。”

只有一代伟人，才有这么光明的体验。

副课文

男亦常习小楷

男国藩跪禀父母亲大人万福金安，九弟之病，自正月十六日后，日见强旺；二月一日开荤，现全复元矣。二月以来，日日习字，时有长进。男亦常习小楷，以为明年考差之具。近来改临智永千字文帖，不复临颜柳二家帖，以不合时宜故也。

孙男身体甚好，每日佻达（戏闹）欢呼，曾无歇息，孙女亦好。浙江之事，闻于正月底交战，仍尔不胜。去岁所失宁波府城，定海、镇海二县城，尚未收复。英夷滋扰以来，皆汉奸助之为虐。此辈食毛践土，丧尽天良，不知何日罪恶贯盈，始得聚而歼灭。

湖北崇阳县逆贼钟人杰（农民起义领袖）为乱，攻占崇阳、通城二县。裕制军（湖广总督裕泰，总督亦称制军）即日扑灭，将钟人杰及逆党槛送京师正法，余孽俱已搜尽。钟逆倡乱不及一月，党羽姻属，皆伏天诛。黄河去年决口，昨已合拢，大功告成矣。

九弟前病中思归，近因难觅好伴，且闻道上有虞，是以不复作归计。弟自病好后，亦安心，不甚思家。李碧峰在寓三月，现已找得馆地，在唐同年李杜家教书，每月俸金二两，月费一千。男于二月初配丸药一料，重三斤，约计费钱六千文。男等在京谨慎，望父母亲大人放心。

男谨禀（道光二十二年二月二十四日）

——〔清〕曾国藩《曾国藩家书·劝学篇》

思考与训练

科技发展越快，人类的生产方式变化也越快，并激发“工业之争”及“资本之争”，进而引起一些社会问题。本文意识到了这些问题，故提出：“若夫工业之争，近年尤剧。盖以机器既创，尽夺小工。畴昔手足之烈，一独人可为之者，今则皆为大厂之机器所攘，而小工无所谋食矣。”

近年来，机器已经迅猛发展为“机器人”，可以代替人类的很多工作，你预料这会给社会带来什么样的影响？

____

____

____

第二十课 论招工

〔清〕李东沅

题解

这是一篇为腐朽的旧中国提出外交建议的文章。清帝国遭到西方殖民掠夺，经济、政治均备受控制与破坏。殖民者还欺骗、贩卖中国国民到外国，给资本主义生产当廉价劳力。作者希望清政府为解救这些苦难同胞，积极跟帝国主义国家进行外交交涉，以便挽救国人的苦难。

人物故事

李东沅（1835—1899）：号汀甫、酒坐琴言室，浙江慈溪人。著有《天香吟馆诗抄稿》四卷（上海图书馆藏抄本）。与郑观应、盛宣怀、谢家福等人关系密切。在光绪末年新政时期，与郑观应、余易斋、姚子良、吴瀚涛一起被时人目为“皆习洋务能文章”的变法倡言者。郑振铎主编《晚清文选》收录其《论传教》《论考试》《论招工》三文。他是一位坚决反对西方列强对中国殖民侵略，积极捍卫中国人权益，并积极谋求中国的改革与强大的爱国文人。

主课文

《书》[1]曰:“民为邦本，本固邦宁。”故先王行仁政以济贫乏，严法令以禁惰游，所以保我黎民，不致流离异域者，意良厚也。频年[2]粤东、澳门，有拐诱华人，贩出外洋为人奴仆，名其馆曰“招工”，核其实为图利。粤人称之为买猪仔。夫曰猪，则等人于畜类，仔者微贱之称。豢其身而货之[3]，惟利是视，予取予携。

复闻猪仔一名，载至西洋，税银一圆。澳门议事亭番官收费银二圆，而又恐华官烛发[4]其奸，于是上下贿蒙，诡计百出。且粤省拐匪，先与洋人串通，散诸四方，投人所好。或炫以赀财[5]，或诱以嫖赌。一吞其饵，即入牢笼，遂被拘出外洋，不能自主。又或于滨海埔头，通衢歧路，突出不意，指为负欠，牵扯落船。官既置若罔闻，绅亦不敢申诉。每年被拐，累万盈千。其中途病亡及自寻短见者，不知凡几。即使抵埠，悉充极劳极苦之工。少惰则鞭挞立加，偶病亦告假不许。置诸死地，难望生还。

或谓猪仔落船，皆经番官讯问，不愿者立遣回籍。其飘然长往，绝无顾虑者，皆属情甘，似非刑驱势迫。不知拐匪奸计百出，贿通上下。即使番官审讯，悉属拐党替冒，并非本人一一过堂。释遣回籍之文，适以欺世。心狠手辣，踪秘术工[6]。且其中不乏富贵之家，单传之子，误罹[7]陷阱，望断家乡，一线宗祧[8]，于焉中绝。言之酸鼻，闻者伤心。

夫贩人出洋，本干例禁[9]，亦为西律[10]所不容。昔年有贩阿洲[11]黑人为奴者，经英国上下议院集商禁止，出赀数十万，悉赎之还，尽行遣释。而严申禁约，弊绝风清，诸国无不称颂其德政。美国南北之战，其始以禁止贩奴而起。后卒设法禁绝，一视同仁。今汕头等处，诡秘难知，而澳门一隅，彰明较著。

夫澳门本香山县属，即归洋人管辖。我朝宜申明条约，遣一介往责西人曰：贩人出洋为奴，实干例禁。各国共知，公法具在。查历年运往外洋之人，皆我赤子，不少富家官族[12]，墨客寒儒。据生还之华佣，述其苦况，几同地狱。然细核所由，半皆受骗于匪人[13]，非真立有合同而甘心远适。试为平心而论，易地以观。倘以此待贵国之人，其果能乐受否乎？贵国嗣后[14]，当饬地方官留心查察，并禁船主不得私行运往。如敢故违，一经访察，或被告发，船立充公，人即定罪。如此，则理直气壮，洋人自当折服矣。

（选自《晚清文选·卷上》）

注释

[1]《书》：即《尚书》，先秦典籍，儒家五经之一。

[2]频年：连续多年。

[3]豢其身而货之：养着他（华工）等着卖掉。豢，养。货，卖钱。

[4]烛发：发现。

［5］赀（zī）财：钱财，财物。赀，同“资”。

［6］踪秘术工：踪迹隐秘，办法精巧。

［7］罹（lí）：遭遇，陷入。

［8］宗祧（tiāo）：宗庙。祧，古代称祭祀远祖的庙。

［9］干例禁：干，触犯。触犯国家禁令。

［10］西律：西方国家的法律。因为贩卖华工的目的地都是西方国家，是为了给西方发达国家的资本主义生产提供劳动力，故特提到西律。

［11］阿洲：非洲。非洲全称阿非利加洲，简称非洲或阿洲。

［12］宦（huàn）族：谓官宦家庭人员。

［13］匪人：匪徒。

［14］嗣后：以后。

参考译文

《尚书》说：“民众是国家根本，根本坚固国家才稳定。”所以，先王施行仁政以救济贫乏，落实法令以禁止游手好闲，以此保我黎民百姓，不致流离失所漂泊异国他乡，用意何其善良仁厚。多年以来，广东东部、澳门一带，有诱拐华人，贩卖到外国为人奴仆的现象，名为“招工”，考核实际情形，则是以此谋利。广东人称之为买猪仔。称为猪，乃将人等同于畜类，仔是卑微低贱的称呼。豢养然后卖掉，仅为赚钱，随意处置，这就是猪仔的命运。

听说猪仔一名，运到西洋，税银一圆。澳门议事亭洋官，收费银二圆，由于担心中国官员看清其犯罪实情，乃上上下下贿赂蒙骗，诡计百出。况且广东省拐卖劳工的匪徒，先与洋人谈好交易，然后分赴四方，编造假话引人上钩。或许诺可以发财，或以嫖赌享乐做诱饵。受骗者一旦上勾，便被套进牢笼，随即被卖给外国人，失去人身自由。或者在海边码头，大街小路，搞突然袭击，指控路人欠债不还，抓捕到船上。官府置若罔闻，乡绅也不敢申诉。每年被拐卖者，成千上万。他们中途病亡和自杀抗争者，为数不少。即使保全性命到港上岸，也全都被迫从事极其繁重艰苦的劳动。稍微歇口气就被抽鞭子，偶尔生病请假也不允许。只能累死，生还无望。

有人辩护说，猪仔上船，都经过洋官讯问实情，不愿出洋者立即放回原籍。那些漂洋过海、无所顾虑者，都属于自愿，而不是被逼迫。却不知道那些拐匪奸计百出，买通上下。即使洋官审讯，都由拐匪冒名顶替，并非本人一一过堂。放回原籍的说辞，纯属骗人。他们心狠手辣，行踪诡秘，骗术精巧。被拐卖者，不乏富贵子弟，独生之子，他们误入陷阱，永别家乡，一线祖宗香火，就这样断绝。旁人说起来就鼻子发酸，听者难免为之伤心。

贩人出洋，本来就违反中国法令，也为西方法律所不容。以前有拐匪贩卖非洲黑人为奴，经过英国上下议院商议，颁令禁止，出资数十万，全都赎回来，放回原籍。英国严申禁令，贩奴绝迹，风气清正，国际上皆称颂其德政。美国南北战争，就是由禁止贩奴引发的。战后终于立法禁绝，奴隶与他人一视同仁。如今汕头等处，贩奴现象特别诡秘，实情难知，而澳门一带，较为明显。

澳门本属香山县一隅，后被洋人占领并管辖。我国应该申明条约，派官员前往交涉，责备洋官说：贩人出洋为奴，违犯本国法令。各国共知，公法俱在。查历年运往外洋之人，皆我良民，其中不少人本是富家官族，墨客儒生。据生还者讲述其境遇，如同地狱般恶劣。仔细考核实情，至少一半人是被拐匪蒙骗，并非真的愿意签订合同而漂洋过海。请摸着良心说话，换位想想，倘若用这种方式对待贵国国民，贵国国民能乐于接受吗？以后贵国必须命令地方官，留心审查，禁止船主私行贩奴。如敢有意违犯，一经访察，或被告发，涉事船只立即充公，相关人员即刻定罪。如此与外国交涉，我们理直气壮，洋人自当折服。

赏析与写作指导

黑奴与华工

《礼记·大学》曰：“生财有大道。生之者众，食之者寡，为之者疾，用之者舒，则财恒足矣。仁者以财发身，不仁者以身发财。”假如有一帮奴隶，专门负责生财，却没有权力“食之”“用之”，那么社会财富就会增长很快，社会控制集团（奴隶主）就会成为寄生性的大富翁。这种生财之术，中国古人早就明察。但是中国古人讲究以义驭利，反对“以身发财”。所以中国历史上一直没有形成由奴隶阶级创造主要财富、供养庞大奴隶主阶级的奴隶制度，也不存在所谓奴隶时代。中国远古时代也曾有过奴隶，后来也一直有地位比奴隶高但比常人低的仆婢群体，但是仆婢不是一个庞大阶级，也不负责社会财富和生活资料的生产，而是依附于权贵府上的服务群体。

按照欧洲人描述的西方历史，他们自古以来就是典型的奴隶社会。古希腊城邦的主要人口是奴隶，他们的劳动创造着上流社会所需的基本财富。到了中世纪，欧洲普遍流行农奴制度，农奴创造着供养社会的全部或大部财富。当他们的农奴制度瓦解时，欧洲人意气风发地捕猎或者购买非洲黑人作为奴隶。这些奴隶极少部分在欧洲贵族府邸从事服务工作，绝大多数都被卖到欧洲人的美洲殖民地从事最繁重的农业劳动。在美洲服役的奴隶，平均服役期为五年，五年之后不是释放或解放，而是累死。可见他们的待遇和处境多么悲惨。

欧洲人总共贩卖了1000多万黑奴，英国商船贩运的黑奴超过总数的1/3。黑奴不分男女，衣服扒光，全部裸体装船。在运输过程中，黑奴死亡率超过一半，有的船上只有30%的黑奴能运送到美洲目的地，其他人都扔进大西洋喂了鲨鱼。

当大机器工业生产在欧洲、美洲兴起时，他们将本国国民变成接近奴隶的雇佣工人，这些工人失去部分自由，待遇极低，马克思、恩格斯称他们为“雇佣奴隶”，称这种制度为“雇佣奴隶制”。欧美人虽然不“以身发财”，但是世世代代迷恋于“以奴隶发财”。

随着殖民地的扩张，市场越来越大，生产规模也越来越大，本国工人不够用，贩卖黑奴又已经停止。这时欧美国家从中国、印度等殖民地和准殖民地，进口了大量劳工。这是一种以招工名义掩饰坑蒙拐骗的大规模贩卖人口行为。这些劳工到目的国从事最艰苦的劳动，诸如修铁路、修水库、进工厂等。他们的待遇当然远高于当年的黑奴，但是比西方的“雇佣工人”低，所受歧视和虐待，也是一部血泪史，累死饿死者特别多。有一个美国人说，美国横贯东西的大铁路，每一根枕木下面，都压着一个中国劳工的尸骨。最近几年，加拿大政府、澳大利亚政府、美国加州政府，就他们当年虐待中国劳工问题，先后公开发表了官方道歉。这从一个侧面，说明了当年中国劳工的深重苦难。

“一吞其饵，即入牢笼，遂被拘出外洋，不能自主。又或于滨海埔头，通衢歧路，突出不意，指为负欠，牵扯落船。官既置若罔闻，绅亦不敢申诉。每年被拐，累万盈千。其中途病亡及自寻短见者，不知凡几。即使抵埠，悉充极劳极苦之工。少惰则鞭挞立加，偶病亦告假不许。置诸死地，难望生还。”此文叙述朴素，景象悲惨，悲愤之情虽力求克制而依然无法掩饰。

李东沅本是一个吟诗作赋的文人，但是面对祖国备受欺凌、国民陷于苦难的现状，实在无法漠然处之，于是著文介绍贩卖劳工实情，描述他们的苦难，敦促政府通过外交途径保护国民权益，避免或减轻他们的苦难。他甚至为政府外交官员拟好了用以交涉的相关知识和外交辞令。但是，“民为邦本，本固邦宁”

的政治理念早已死灭，无存于清廷。“先王行仁政以济贫乏，严法令以禁惰游，所以保我黎民，不致流离异域者”的政治实践也已消失，不见于神州。清政府风雨飘摇，无力自保，根本没心思顾及普通老百姓的命运和苦难。

延伸知识

英国圈地运动中的奴隶现象

欧洲人深通中国经典《礼记·大学》所云“生之者众，食之者寡，为之者疾，用之者舒，则财恒足矣”的奥秘，一门心思想着“以众发财”“以疾发财”。为了“以众发财”，建构了奴隶制度；为了“以疾发财”，发明了机器生产。归根结底还是迷恋于“以奴隶发财”。他们从国家到个人，都充满了“以奴隶发财”的渴望，国家甚至以法律的方式，满足国民的这种奴役他人的需求。托马斯·莫尔的《乌托邦》和马克思的《资本论》，以及其他许多有良知的西方学者及其著作，都对这种罪恶的制度进行了严厉批判。

《资本论》第二十四章第三节指出，那些在残酷的圈地运动中失去耕地和房屋的穷人，国家不允许他们流浪和乞讨。一个成年流浪者第二次被抓住，就割去一只耳朵；第三次被捕，则是处死。为什么不让他们流浪呢？为了把他变为奴隶，好让奴隶主“以奴隶发财”。

《资本论》指出：“爱德华六世在他即位的第一年（1547）颁

布的法令规定，拒绝劳动的人，如被告发为游惰者，就要判为告发者的奴隶。主人应当用面包和水，用稀汤和他认为适当的肉屑给自己的奴隶吃。他有权用鞭打和镣铐强迫奴隶从事一切令人厌恶的劳动。如果奴隶逃亡达 14 天，就要判为终身奴隶，并在额头或脸颊打上 S 字样的烙印，如果第三次逃亡，就要当作叛国犯处死。主人可以把他出卖，遗赠，作为奴隶出租，完全像对待其他动产和牲畜一样。如果奴隶图谋反抗主人，也要被处死。治安法官必须根据报告搜捕逃亡的奴隶。如果发现流浪者 3 天无所事事，就要把他送回原籍，用烧红的铁器在他胸前打上 V 字样的烙印，套上锁链在街道上服役或服其他劳役。”（马克思《资本论》第一卷）

《资本论》继续指出："如果流浪者谎报籍贯，就要被罚充当该地居民或社团的终身奴隶，并打上 S 字样的烙印。任何人都有权把流浪者的子女领去当学徒，男的当到 24 岁为止，女的当到 20 岁为止。如果他们逃亡，就要成为他们师傅的奴隶，直到这个年龄为止。师傅可以给他们戴上镣铐，鞭打他们等。为了便于识别和更加保险起见，每个主人可以在自己奴隶的脖子、手或脚上套一个铁环。”

资本家和奴隶主掠夺了土地，不是为了长草，而是为了发财，所以，国家制定法律，那些被掠夺土地的穷人，必须为资本家兼奴隶主创造财富。这种奴隶制度“一直保留到 19 世纪”。马克思说："伊丽莎白执政时期的 1572 年的法令规定，没有得到行乞许可的 14 岁以上的乞丐，如果没有人愿意使用他两年，就要受猛烈的鞭打，并在左耳打上烙印；如果有人再度行乞而且年过 18 岁，又没有人愿意使用两年，就要被处死；第三次重犯，就要毫不容情地当作叛国犯处死。”类似的法令还有伊丽莎白十八年所颁布的第 13 号法令和 1597 年的法令。《论手工业和商业》（1770 年版）的作者说：“在爱德华六世执政时期，英国人确实似乎非常认真地奖励工场手工业和使用贫民。这一点可以从规定一切流浪者都要打上烙印这条值得注意的法令中看出来。”（第 5 页）这个法令的最后一部分规定，贫民必须在愿意给他们饮食和劳动的地区或个人那里干活。在英国，这种教区的奴隶，在游荡者的名义下一直保留到 19 世纪。国家为了逼迫失地农民为奴隶主干活，对拒绝干活的流浪者滥施死刑。在亨利八世执政时期，有 72000 名大小盗贼被处死。（马克思《资本论》第一卷）

托马斯·莫尔在《乌托邦》中，对这些死亡边缘的流浪者的悲惨境遇，进行了极其激愤悲痛的描述：“贪得无厌的人，自己家乡的真正瘟疫，囊括几千英亩土地，用篱笆或栅栏圈围起来，或者通过暴力和不正当的手段迫使所有者不得不出卖一切。不择手段地迫使他们迁移——这些贫穷朴实的不幸者！男人、女人，丈夫、妻子，孤儿、寡妇，抱着婴儿的绝望的母亲，以及钱少人多（因为农业需要许多劳动力）的家庭。我是说，他们被驱逐出熟悉的乡土，找不到安身之处；他们所有的家庭用具虽然不很值钱，但在其他的情况下，还能卖一点钱；可是他们是突然被驱逐出来的，因此只好以极低的价格卖掉。当他们游荡到不名一钱的时候，除了偷盗以致被依法绞死以外，除了行乞以外，还能做什么呢？而他们去行乞，就会被当作流浪者，以游手好闲、无所事事的罪名被投入监狱，虽然他们努力找工作，但没有人愿意给他们工作做。”（马克思《资本论》第一卷）

副课文

读书必须有日日不断之功

诸位贤弟足下：

诸弟在家读书，不审每日如何用功？余自十月初一日立志自新以来，虽懒惰如故，而每日楷书写日记，每日读史十页，每日记茶余偶谈一则。此三事，未尝一日间断。十月廿一日誓永戒吃水烟，洎（jì，至）今已两月不吃烟，已习惯成自然矣。予自立课程甚多，惟记茶余偶谈，读史十页，写日记楷本，此三事者，誓终身不间断也。诸弟每日自立课程，必须有日日不断之功，虽行船走路，须带在身边。予除此三事外，他课程不必能有成，而此三事者，将终身行之。

前立志作《曾氏家训》一部，曾与九弟详细道及。后因采择经史，若非经史烂熟胸中，则割裂零碎，毫无线索，至于采择诸子各家之言，尤为浩繁，虽抄数百卷，犹不能尽收，然后知古人作《大学衍义》《衍义补》诸书，乃胸中自有条例，自有议论，而随便引书以证明之，非翻书而遍抄之也。然后知著书之难，故暂且不作《曾氏家训》；若将来胸中道理愈多，议论愈贯串，仍当为之。

现在朋友愈多，讲躬行心得者，则有镜海先生、艮峰前辈、吴竹如、窦兰泉、冯树堂。

穷经知道者，则有吴子序、邵慧西。讲诗文字而艺通于道者，则有何子贞。才气奔放，则有汤海秋；英气逼人、志大神静，则有黄子寿。又有王少鹤，名锡振，广西乙未翰林。

吴莘畬名尚志，广东人，吴抚台之世兄、庞作人名文寿，浙江人。此四君者，皆闻予名而先来拜。虽所造有浅深，要皆有志之士，不甘居于庸碌者也。

京师为人文渊薮，不求则无之，愈求则愈出。近来闻好友甚多，予不欲先去拜别人，恐徒标榜虚声。盖求友以匡己之不逮，此大益也。标榜以盗虚名，是大损也。天下有益之事，即有足损者寓乎其中，不可不辨。

黄子寿近作《选将论》一篇，共六千余字，真奇才也！黄子寿戊戌年始作破题，而六年之中，遂成大学问。此天分独绝，万不可学而至。诸弟不必反而惊之。予不愿诸弟学他，但愿诸弟学吴世兄、何世兄。吴竹如之世兄，现亦学艮峰先生写日记，言有矩，动有法，其静气实实可爱！

何子贞世兄，每日自朝至夕，总是温书。三百六十日，除作诗文时，无一刻不温书，真可谓有恒者矣。故予从前限功课教诸弟，近来写信寄弟，从不另开课程，但教诸弟有恒而已。盖士人读书，第一要有志，第二要有识，第三要有恒。有志则断不敢为下流，有识则知学问无尽，不敢以一得自足，如河伯之观海，如井蛙之窥天，皆无识也。有恒则断无不成之事。此三者，缺一不可。诸弟此时唯有识不可以骤几（突然接近成功），至于有志有恒，则诸弟勉之而已。予身体甚弱，不能苦思，苦思则头晕，不耐久坐，久坐则倦乏。时时属望，惟诸弟而已。

国藩手草（道光二十二年十二月二十四日）

——〔清〕曾国藩《曾国藩家书·劝学篇》

思考与训练

1. 在商品生产过程中，工人工资跟企业主利润构成什么样的互动关系？

2. 副课文《读书必须有日日不断之功》云：“每日楷书写日记，每日读史十页，每日记茶余偶谈一则。此三事，未尝一日间断。”你是否有某种爱好，正在“未尝一日间断”地持续着？持续多久了？

FONGHONG
凤凰联动出品